ARTE E CONSTRUÇÃO DO CONHECIMENTO NA EMIA

PSICOLOGIA E EDUCAÇÃO

Coleção dirigida por Lino de Macedo

Arte e construção do conhecimento na EMIA

Márcia Lagua de Oliveira

Casa do Psicólogo®

© 2006 Casa Psi Livraria, Editora e Gráfica Ltda.
É proibida a reprodução total ou parcial desta publicação, para qualquer finalidade, sem autorização por escrito dos editores.

1ª Edição
2006

Editores
Ingo Bernd Güntert e Christiane Gradvohl Colas

Assistente Editorial
Aparecida Ferraz da Silva

Produção Gráfica, Capa & Editoração Eletrônica
Renata Vieira Nunes

Ilustração de Capa
*Larissa Oyama (11 anos)
Vaso com flor, Guache sobre canson*

Revisão
Christiane Gradvohl Colas

**Dados Internacionais de Catalogação na Publicação (CIP)
(Câmara Brasileira do Livro, SP, Brasil)**

Oliveira, Márcia Lagua de
    Arte e construção no conhecimento na EMIA / Márcia Lagua de Oliveira – São Paulo: Casa do Psicólogo® : FAPESP, 2006. – (Coleção psicologia e educação/ coleção dirigida por Lino de Macedo).

Bibliografia.
ISBN 85-7396-496-0

1. Arte – Estudo e ensino 2. Conhecimento (T eoria) 3. Construtivismo 4. Escola Municipal de Iniciação Artística – EMIA (São Paulo) – História 5. Psicopedagogia I. Macedo, Lino de II. Título III. Série.

06-6719   CDD- 370.15

Índices para catálogo sistemático:
1. Escola Municipal de Iniciação Artística: São Paulo: Projeto artístico-pedagógico: Educação   370.15

Impresso no Brasil
Printed in Brazil

Reservados todos os direitos de publicação em língua portuguesa à

Casa Psi Livraria, Editora e Gráfica Ltda.
Rua Santo Antonio, 1010 Jardim México 13253-400 Itatiba/SP Brasil
Tel.: (11) 45246997   Site: www.casadopsicologo.com.br

All Books Casa do Psicólogo®
Rua Simão Álvares, 1020 Vila Madalena 05417-030 São Paulo/SP Brasil
Tel.: (11) 3034.3600   E-mail: casadopsicologo@casadopsicologo.com.br

O presente livro foi originalmente apresentado como Dissertação de Mestrado – Faculdade de Educação da Universidade de São Paulo.

AGRADECIMENTOS

A edição deste livro é o resultado de muitas parcerias que felizmente pude compartilhar ao longo desta jornada. A forma aqui apresentada é uma versão com pequenas alterações e atualizações feitas à forma original, apresentada como Dissertação de Mestrado à Faculdade de Educação da Universidade de São Paulo, em maio de 2001.Quero agradecer a presença de todos em minha vida.

Lino de Macedo, meu orientador, com quem tanto aprendi e que com sensibilidade, generosidade e dedicação acolheu minhas dúvidas e inseguranças. Como verdadeiro educador que é e que tanto admiro, abriu caminhos para que forma e conteúdo se encontrassem e unissem sonho e realidade neste projeto.

Ana Angélica Medeiros Albano e Marina Célia Moraes Dias, pelo companheirismo em minha trajetória pessoal e profissional e pela leitura atenta e construtiva com que, como interlocutoras, contribuíram para a realização deste texto.

Clélia Lagazzi Russo Pastorello, grande educadora e amiga querida, pela incansável colaboração ao longo destes anos.

Meus alunos e seus pais, pela confiança e pelo aprendizado.

Os diretores, professores e funcionários da EMIA, com quem venho construindo esta experiência desde 1982.

A disponibilidade preciosa dos amigos que me ajudaram a tornar real esse projeto: Ivonise F. da Motta, Teresa Cristina Rego, Sueli Hisada, Paulo César Brito, Conceição Fukushima, Flavia Ferraz, Marcia Andrade, Tatiana De Laquila, Ilza Antunes,Maria de Fátima Egydio F. Pimentel, Dalva Argentino, Mônica Olivetti Soares, Celeste Aida M. Magnocavallo, Cecília Lúcia Tuccori (in memoriam).

À Fundação de Amparo à Pesquisa do Estado de São Paulo – Fapesp – pelo apoio concedido.

Finalmente, agradeço à minha família que com carinho e confiança participa e dá sustentação às minhas andanças pelos caminhos do mundo. Minhas irmãs Sandra, Lidia e Rosana. Meus cunhados Eugênio e Davi. Meu sobrinho Felipe e minhas sobrinhas Vivian, Maria Eugênia e Olívia. Minhas queridas filhas Fabiana e Fernanda. Claudio, companheiro navegante de muitos e bons ventos.

"Este livro, eu aprendi de meus alunos. Quando eu ensinava, jamais me propus dizer ao aluno só 'o que eu sabia', mas sim, buscava o que o aluno não sabia. Sem dúvida, não era essa a questão principal, apesar de que, por isso mesmo, estava já obrigado a encontrar algo novo para cada aluno."

ARNOLD SCHOENBERG

"Aprendo com o aluno o que ensinar"

HANS JOACHIM KOELLREUTTER

Aos meus pais, Felício (in memoriam)
e Vitorina

ÍTACA

Quando partires um dia rumo a Ítaca,
faz votos de que o caminho seja longo,
repleto de aventuras, repleto de saber.
Nem Lestrigões nem os Ciclopes,
nem o colérico Posídon te intimidem;
eles no teu caminho jamais encontrarás
se altivo for teu pensamento,se sutil
emoção teu corpo e teu espírito tocar.
Nem Lestrigões nem os Cíclopes,
nem o bravio Posídon hás de ver,
se tu mesmo não os levares dentro da alma,
se tua alma não os puser diante de ti.

Faz votos de que o caminho seja longo.
Numerosas serão as manhãs de verão
nas quais, com que prazer, com que alegria,
tu hás de entrar pela primeira vez um porto
para correr as lojas dos fenícios
e belas mercancias adquirir:
madrepérolas,corais, âmbares, ébanos,
e perfumes sensuais de toda espécie,
quanto houver de aromas deleitosos.
A muitas cidades do Egito peregrina
para aprender, para aprender dos doutos.

Tem todo tempo Ítaca na mente.
Estás predestinado a ali chegar.
Mas não apresses a viagem nunca.
Melhor muitos anos levares de jornada
e fundeares na ilha velho enfim,
rico de quanto ganhaste no caminho,
sem esperar riquezas que Ítaca te desse.
Uma bela viagem deu-te Ítaca.
Sem ela tu não te ponhas a caminho.
Mais do que isso não lhe cumpre dar-te.

Ítaca não te iludiu, se a achas pobre.
Tu te tornaste sábio,um homem de experiência,
e agora sabes o que significam Ítacas.

KONSTANTINOS KAVAFIS (1863-1933)
Tradução de José Paulo Paes

SUMÁRIO

Prefácio, *Clélia Lagazzi Russo Pastorello* 17

Apresentação, *Lino de Macedo* 21

1 Introdução – A EMIA HOJE 33
Apresentação 33
Estrutura e funcionamento 34

2 A PESQUISA 43
EMIA – Sua trajetória 43
Como foi feita a pesquisa 44
As histórias se encontram 48
As tendências se encontram 57
A primeira diretora 63
Cléa Galhano – a EMIA continua a crescer 70
A escolha de Ana Cristina Araújo Petersen 76
A primeira crise 79
Se partires um dia rumo a Ítaca 86
A experiência administrativa ajudando a reorganizar a escola . 91
Uma atriz e educadora na direção 94
A atual direção 96

16   ARTE E CONSTRUÇÃO DO CONHECIMENTO NA EMIA

3 PROJETO AXIOMA 7 99
O encontro com o Balé da Cidade de São Paulo 99
O nosso projeto Axioma 7 101
A montagem do projeto 102

4 DISCUSSÃO 127
A voz dos pais 135
A voz das crianças 138
A voz dos ex-alunos 144

5 CONSIDERAÇÕES FINAIS 151

6 REFERÊNCIAS BIBLIOGRÁFICAS 155

PREFÁCIO

"Arriscar-se a contar uma história é decidir-se a
instaurar uma ordem só afiançada pela retidão
do narrador, isto é, por sua fidelidade à experiência
e à memória

Fernando Savater

A autora nos brinda com uma narrativa histórica de uma Escola dos nossos tempos, cujo trajeto tem muito a dizer sobre a pesquisa, o saber e uma sabedoria do "como fazer" construir e aprender numa Escola de Iniciação Artística.

Márcia nos conta a partir da sua história, o que a impulsionou e a levou a escolher o tema, buscando nas origens da Escola Municipal de Iniciação Artística resgatar a instituição e valorizar o estudo como finalidade sócio cultural, dando na intimidade da palavra, uma forma rica e pioneira de sua trajetória, sinalizando a possibilidade de renovação dos valores, quando estamos elegendo e trabalhando com a constituição dos seres humanos. Portanto, o olhar e o foco da sua pesquisa estão debruçados neste precioso espaço de trabalho, um verdadeiro canteiro de obras, onde linguagens expressivas – música, artes plásticas, literatura, teatro e dança são regidas e orquestradas para a integração.

A coleta de dados como busca cuidadosa das raízes da escola, vai desvendando durante a leitura a presença da comunidade de pais, artistas/educadores, alunos, diretores, dando sentido e significado aos seus registros, onde podemos constatar a concepção filosófica que assegura uma prática, com êxito que se pode realizar numa escola pública, onde, tropeços e dificuldades não faltam, principalmente nos dias de hoje.

Ao longo destes vinte e cinco anos, a partir das oportunidades em diferentes momentos do trabalho, quer pedagógico, quer administrativo, o registro das experiências nos dá a possibilidade de comprovar os cuidados com a preocupação teórica e prática e as suas relações com a realização da história na prática artística.

Administrar o tempo, construir pontos de vista, procedimentos que favoreçam o conhecimento já construído no plano do aluno, são referências que a mestra aponta contando fatos do coletivo e do cotidiano, do onde avaliar é atribuir valores e fazer escolhas, nos tempos da EMIA destinados às inúmeras produções artísticas de sua agenda cultural.

Sempre temos que nos haver com nossa história – esse é o ponto de partida do qual Márcia nos fala trazendo a história da escola, através da psicologia, filosofia, estética, arte e educação que, muito pode nos ajudar a interrogar nossas resistências e nos aproximar do que é possível hoje, na esperança de um projeto artístico- pedagógico contribuir na e com a educação pública.

Hoje, mais do que nunca, há uma enorme necessidade de compreensão dos processos de ensino e aprendizagem do "fazer artístico" evidenciado não só em sua prática e ensino, mas através de atitudes e pressupostos a respeito de sua natureza e valor, uma vez que " saber e formação" caminham juntos.

Com este trabalho aprendemos a refazer percursos, entrar em contato com o passado deixar que as lembranças acompanhem de perto nosso dia a dia, com olhar renovado de uma escola que colhe os frutos de um projeto bem sucedido e que nos mobiliza a melhorar nossas experiências na Arte de Educar tendo como referência a pesquisa histórica e o diálogo permanente da autora com os acontecimentos pedagógicos, vivenciados entre educadores e seus afetos, gestos e saberes a serviço do "ensinar", ressaltados pela Márcia, através de fatos que dizem da emoção e desvelam as inquietações dos professores, quanto à importância da técnica e da arte para uma aprendizagem significativa.

Outro aspecto importante abordado diz respeito à diversidade de formação dos professores, bem como dos alunos que vêem da escola pública e particular de várias regiões da cidade, revelando uma cuidadosa pesquisa do material existente na escola, que organizado possibilitou apontar os caminhos que ajudaram nesta busca constante do dialógico – das reuniões de professores, direção, autoridades e pais participantes desta comunidade.Por isso podemos afirmar que este é um trabalho que reflete espaços para ações, abordagens contrastantes com resultados harmoniosos, e que muito podemos aprender, afinal os fatos aqui narrados, traduzem a emoção de ensinar como predisposição para aprender e cooperar.

A singularidade deste livro está na possibilidade de inserção histórica no processo educacional/cultural de um fazer "artístico" que Márcia se propôs organizar, refletir e compartilhar, experiências vividas no plano pessoal e coletivo da Escola Municipal de Iniciação Artística, de São Paulo, pela dedicação e envolvimento com o processo educacional da EMIA.

O livro e a sua leitura é marcado pelo encontro com o "outro" – alunos, colegas de trabalho, direção, teóricos da educação, especialistas das diferentes áreas de conhecimento, nos fala não só da infância, mas da juventude e maturidade desta teia de relações que só a educação pode nos proporcionar - essa possível prática de vida.

Por pertencer à instituição desde sua fundação, a autora pôde mergulhar fundo na história da EMIA, deixando claro a necessidade de documentar uma experiência rara nos moldes da escola pública, voltada para o ensino das Artes, por onde, integra as linguagens, diversifica percepções e amplia conhecimento.

Muito obrigado, Márcia.
Clélia Lagazzi Russo Pastorello

APRESENTAÇÃO

Apresento, com gosto, o livro de Márcia Lagua de Oliveira, *Arte e construção do conhecimento*. Faço-o, em primeiro lugar, na condição de diretor da coleção da qual agora ele passa a fazer parte. Em segundo, pelo fato ter sido o orientador de sua dissertação de mestrado, *Rua Guajuviras, s/no. – Parque da Conceição, Casa 3: Um estudo sobre a Emia – Escola Municipal de Iniciação Artística*, realizada no Programa de Pós-graduação em Educação, Área Psicologia e Educação pela Faculdade de Educação da Universidade de São Paulo – FEUSP. O presente livro retém e atualiza o melhor daquela sua pesquisa. Em terceiro, porque aqui se pode verificar a importância de a educação pública oferecer tempos e espaços onde as artes, os jogos, as brincadeiras podem ser oferecidos como forma complementar, irredutível e indissociável de formação àquela oferecida pela escola regular. Lendo o texto para esta apresentação, apreciei a forma como Márcia fornece elementos positivos para a confirmação desta hipótese: uma sociedade, que deseja e necessita que todas as crianças aprendam as coisas ensinadas na escola, há de valorizar aquilo (a música, a dança, os esportes, a literatura, os jogos, as brincadeiras) que faz sentido para elas. Em quarto, agrada-me saber que a publicação deste livro contou com o apoio financeiro e a avaliação criteriosa da FAPESP. Em último, trata-se de uma obra bem escrita, caprichada, que expressa a seriedade, a exigência estética e o profundo compromisso educacional de sua autora. Quero agora tecer alguns comentários sobre os conteúdos deste trabalho. Ao contar a história da EMIA, Márcia optou por fazê-lo na perspectiva de seus diretores, de seus professores (sobretudo de um projeto conduzido por ela), e de seus alunos. Julgo importante pensar os destinos de uma escola a partir dos sonhos ou projetos e do trabalho efetivamente realizado de seus diretores. Um tempo atrás, participei de uma banca de doutorado em que se analisava uma pesquisa feita em algumas escolas públicas de São Paulo. A questão estabelecida por sua autora (uma importante pesquisadora da Fundação Carlos Chagas) era muito interessante: por que, se as condições eram equiparáveis, em algumas escolas as crianças foram bem avaliadas, e em outras, mal? Pulo para a conclusão: é que a diferença estava nos diretores. Nas escolas em que os diretores se implicavam com seu trabalho, tinham liderança, etc. o mesmo projeto, nas mesmas condições difíceis, tinha um efeito oposto ao das escolas mal sucedidas no exame. Em sua pesquisa, Márcia teve a sensibilidade de dedicar todo um capítulo entrevistando e dando voz aos diretores da EMIA, desde os tempos de sua fundação, em 1980. Ela quis, através deles, narrar a história desta escola e como foram, cada qual ao seu modo e estilo, percorrendo o labirinto que é o tocar uma escola pública de iniciação artística. Foi uma escolha feliz, penso, porque por meio dela pôde-se apreciar a evolução deste projeto, pôde-se apresentar as principais coordenadas e desafios de sua realização, tanto em um recorte temporal como espacial.

Quanto à história da EMIA na perspectiva de seus professores, Márcia optou por descrever o projeto AXIOMA 7. Este projeto é muito bacana, pois nos apresenta um modo majestoso, e creio inesquecível para as crianças e os professores que dele participaram, de diferenciar e integrar as artes em uma realização em que todas as suas fases, todos os seus desafios mobilizaram e pediram a participação conjunta de seus autores e atores. Na última parte do livro, Márcia discute o valor desta escola e do modo particular de sua expressão, pelo depoimento de seus professores, alunos e ex-alunos. São testemunhos comoventes que, mais uma vez, fornecem razões positivas para se oferecer no período complementar à escola regular, atividades que ocupem o tempo livre das crianças de modo significativo e promotor de seus processos de aprendizagem e desenvolvimento.

Por que ler este livro? Porque ao descrever e analisar uma experiência – a da EMIA – pode-se imaginar muitas outras possibilidades de se oferecer, de modo equivalente, uma forma complementar de educação escolar para as crianças. Porque neste livro, podem-se confrontar modos de praticar e compreender uma forma de educação das pessoas, modos de se formar professores, modos de engajar seus profissionais, construindo as razões que lhes dão sentido e os envolvimentos requeridos para o sucesso de seus objetivos. Porque a EMIA comporta uma história da educação pública brasileira, que precisava ser contada. Porque Márcia é uma das melhores pessoas para fazê-lo, não apenas por ter sido dela testemunha, mas por seu amor e dedicação a sua causa.

São Paulo, 15 de agosto de 2006.

Lino de Macedo

Introdução

Meu inconformismo diante da escola regular surgiu em meados dos anos 50, com o ingresso na primeira série do primário.

Nossa casa ficava em uma vila do bairro do Paraíso, na zona sul de São Paulo. As ruas eram tranqüilas, arborizadas e a única linha de ônibus – o 47 – promovia o encontro dos moradores, em sua maioria comerciantes, funcionários públicos e profissionais liberais, especialmente médicos e advogados.

Na rua, as crianças podiam brincar de barra-manteiga, uni-dunitê, cabra-cega, corre-cotia, pega-pega, batata-quente. Podiam também andar de bicicleta, sentir o vento no rosto, levar alguns tombos.

E o quintal? O espaço permitia construir casinhas, ser princesa, fazer comidinha, subir em árvores, pular muro. Dentro de casa, nos dias de chuva, no inverno ou ao escurecer, era a hora de cantar, ouvir música e histórias.

A televisão estava chegando e tinha o *Sítio do Pica Pau Amarelo*.

"Entrou por uma porta saiu pela outra, quem quiser que conte outra..."

Dormir e sonhar...

Quando fui para a escola, já tinha sido alfabetizada pelos meus pais que deixavam uma lousa, giz, lápis e papel à nossa disposição e, todas as noites, contavam histórias.

A escola ignorou esses personagens, sons, imagens, devaneios e saberes.

"A escola não constrói a partir do zero, nem o aprendiz é uma tábula rasa, uma mente vazia; ele sabe, ao contrário, 'muitas coisas', questionou-se e assimilou ou elaborou respostas que o satisfazem provisoriamente. Por causa disso, muitas vezes, o ensino choca-se de frente com as *concepções dos aprendizes.*" (Perrenoud, 2000: 28).

O Externato das freiras era uma escola próxima que, na época, atendia alunos até o 4º ano primário. Carteiras enfileiradas, fila para entrar e sair da classe. O sinal de bom comportamento e adequação era permanecer imobilizado, olhos e ouvidos atentos à professora.

A b a c i a é d e B a b á .

A m a , e m a , u m a , m o d a , m u d a .

$$2 \times 1 = 2$$
$$2 \times 2 = 4$$
$$2 \times 3 = 6$$

Quem é Babá? Esse é o seu nome ou ela é uma babá? Ela é bonita porque lava o bebê ou porque empresta a bacia para o bebê?

Meu pensamento de criança não encontrava sentido para o texto, para aquelas palavras começadas por "b". Não havia espaço para perguntas, para diálogo.

Segundo Dias (1996), quem trabalha com educação no Brasil encontra dificuldades para se contrapor ao modelo autoritário e à pseudo-racionalidade vigentes, que desrespeitam a construção do conhecimento e da alfabetização como leitura significativa do mundo e que não levam em conta o conhecimento estético, sensorial, expressivo, verbal e não verbal, principalmente das crianças pequenas.

Pelo meu tamanho, era sempre a primeira da fila e sentava na primeira carteira. Mas, depois, a Denise cresceu menos do que eu e passei, então, a ser a segunda da fila e a sentar na segunda carteira da terceira fila. Mas, ainda, a primeira da classe pelas notas.

Na chamada oral, era importante ser rápido nas respostas: capitais dos estados brasileiros, capitais dos países, os rios e seus afluentes.

O que é cabo?
O que é ferro-gusa?
Quais os ossos do crânio?
Quais os ossos da face?

No dia anterior às provas, a lição de casa trazia questionários para que se treinasse a maneira correta de responder às perguntas e alguns modelos dos problemas de matemática que poderiam cair no dia seguinte. Havia ainda as descrições e, o mais difícil, as dissertações. O que era para falar nas dissertações? Que palavras usar?

A aquisição do conhecimento socialmente produzido e acumulado, observa Macedo (1994), é sempre um tornar-se, não se dá apenas pela mera transmissão; é necessário refazer a história por meio de ações ou objetos que tenham sentido para a criança.

O tempo foi passando, chegou o exame de admissão e a escola deixou de ser Externato passando a ser Ginásio, do qual fiz parte da primeira turma de formandas.

O desenho apareceu como cartografia e desenho geométrico. Pintura, nem pensar. Ah! Mas era permitido bordar números e letras em ponto de cruz. Ao piano, nada de tirar músicas de ouvido.

Mesmo assim, a paixão pela música permaneceu e a paixão pela leitura trazia a possibilidade de alçar vôos, sair do cotidiano onde era necessário decorar e acertar.

"A escolaridade é uma longa marcha. Pode-se sempre 'fazer melhor'. Levar as injunções de professores e encarregados de educação é entrar na ordem, salvo nos casos em que se tem uma imensa facilidade de adaptação. Ao contrário, deixar andar é preparar-se para amanhãs difíceis. Entre estes dois escolhos, o aluno navega ao sabor de ventos e marés. Em uma aventura pessoal?" (Perrenoud, 1995:17).

Embora meu relato responda à cultura de uma época, a visão da criança como tábula rasa continua prevalecendo nas escolas de hoje, bem como o uso de estímulos mecânicos para a apreensão do conhecimento, a busca do controle do comportamento, a organização do espaço como estratégia de ensino, a organização e divisão dos tempos, os testes e os exames como medida de avaliação.

Ao negar os métodos da escola em que estudei, desejo ressignificar as experiências vividas e transformá-las na busca de um caminho alternativo para uma outra forma de ensinar, o que, neste momento, desejo que me leve para uma outra história, para uma outra parte desta narrativa.

Agora, o bairro é Jabaquara e o ano é 1980. No Parque da Conceição, é inaugurada a ESCOLA MUNICIPAL DE INICIAÇÃO ARTÍSTICA – EMIA. Graças ao empenho do Dr. João Loureiro, ex-proprietário da casa 3, na antiga chácara da Rua Guajuviras, desapropriada em função das obras do metrô, a área do parque e as casas deveriam ter uma destinação pública, o que evitou a construção de prédios. Em reunião com a Empresa Municipal de Urbanização – EMURB para a distribuição dos imóveis, a casa 3 foi destinada à Secretaria Municipal de Cultura, para funcionar como uma escola de artes para crianças.

Mais adiante, a história da EMIA será retomada com mais detalhes, pois o estudo a que me proponho neste texto resulta da trama de muitas histórias que se articulam em suas metamorfoses e se entrelaçam com novas histórias que vão criando novas tramas, novos caminhos.

O resgate destas histórias transforma-se em novas contribuições, novas perspectivas em educação, especialmente em relação à arte e à construção do conhecimento.

A sociedade considera a escola como um local de educação e instrução, onde os alunos são preparados para o futuro. Mas, e o seu presente? E a sua história?

Como observa Charlot (2000), o acesso ao saber não é construído pela história coletiva da mente, pela acumulação de conteúdos intelectuais, mas pela relação que o sujeito é capaz de estabelecer com o mundo, com ele mesmo e com os outros. A situação de aprendizagem considera não apenas o local em que se aprende, as pessoas encarregadas de ensinar, mas também um momento de história de quem aprende, um momento de outras histórias – da humanidade, da sociedade a que pertence, da educação.

Um dos caminhos para garantir, não a individualidade, mas a subjetividade e a autonomia de um sujeito singular inscrito em um espaçotempo sociais, em um contexto de interdependência, é resgatar o aluno que fomos e a escola que freqüentamos, para refletir sobre as escolhas, contingências e opções com as quais nos deparamos em nossas vidas.

Talvez assim seja possível contribuir para o rompimento de alguns circuitos já viciados da educação e criar um lugar para os desafios, para os desejos, para os riscos diante do novo, de modo que os alunos se inscrevam em um mundo partilhado com outros sujeitos, para que possam se apropriar do mundo e construir a si mesmos; para que se eduquem e sejam educados.

Para Safra (1999), a criança significa suas experiências tanto pelo uso da linguagem discursiva como pela articulação de formas estéticas e simbólicas por meio das quais o indivíduo apresenta seu existir por gesto, por sonoridade, por formas visuais, por diversos meios que vão constituir um estilo de ser e que, ao longo dos anos, como ocorre com a linguagem, ganham sofisticação.

A grande importância atribuída aos conteúdos como um fim em si mesmos e a fragmentação do conhecimento são falhas da escola formal que pouco valoriza os aspectos afetivos, sociais, éticos e estéticos da aprendizagem e que, tirando o espaço de jogo e da brincadeira, tira também a possibilidade expressiva e lúdica da criança, do professor e do próprio espaço escolar.

"A escola preenche todo o tempo com a fala do adulto, que a criança escuta, e precisa devolver com a visão do adulto abdicando da sua. E quando o adulto se cala, ele, o adulto, se ausenta e não tem quem acolha a palavra da criança. Então, a criança percebe que a escola é o espaço da fala do adulto e que para ela resta a cópia e o silêncio." (Albano Moreira, 1984:72).

A espécie humana se efetiva em sociedade, a prática delineia seu modo de ser e agir na relação com o espaço-tempo determinado que a constitui. Essa prática é intencional, marcada desde suas origens pela simbolização. Apresenta, portanto, uma construção que é histórica e coletiva, na qual a cultura é o universo do saber. Um universo de significados partilhados com outros homens, em um espaço de ação inscrito em um tempo.

Aprender é apropriar-se de uma parte do mundo compartilhado por meio de uma história que é social, mas também é minha ao mesmo tempo que me escapa.

A decisão de usar, neste trabalho, minha história, a da escola em que estudei e a da EMIA teve como objetivo produzir um conhecimento que se situe na encruzilhada dos vários saberes que essas relações estabelecem, um conhecimento compartilhado dialogicamente e transmitido a partir de uma dinâmica na qual a cultura dá os caminhos do desenvolvimento e onde o ensino da arte possa ter reservado seu lugar enquanto área de conhecimento.

A leitura construtivista, a que me proponho, do aspecto artístico e pedagógico do trabalho desenvolvido pela Escola Municipal de Iniciação Artística – EMIA, como órgão da Secretaria Municipal de Cultura, estará apoiada em registros disponíveis na escola; registros pessoais, realizados ao longo de dezessete anos de trabalho como professora e como coordenadora; entrevistas com os diretores; depoimentos de pais; produções dos alunos; registros e contribuições trazidas por professores, como (textos, fotos, anotações, entrevistas, produções, discussões); e relato do projeto AXIOMA 7.

As transformações vividas por esta escola na constituição de uma identidade própria e genuína para oferecer um trabalho de iniciação artística em música, teatro, artes plásticas e dança para crianças de 5 a 12 anos serão aqui retomadas, para que seja possível discutir o papel desta escola como facilitadora da relação entre a arte e o processo de construção do conhecimento.

A referência da articulação desta relação considera como perspectiva a criação e os saberes que operam nos diferentes segmentos que a constituem.

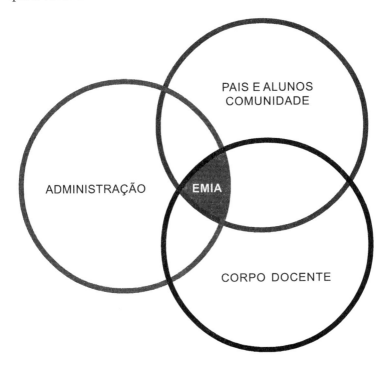

Em síntese, meu objetivo é registrar o papel da Escola Municipal de Iniciação Artística – EMIA, como exemplo bem sucedido de um trabalho apoiado na relação arte e construção de conhecimento, experiência que tem estimulado a criação de espaços semelhantes em outros municípios, como em Mogi-Guaçu, Itu, Santo André. A atual administração tem planos de ampliar o número de Emias em parques municipais da cidade de São Paulo.

1
A EMIA HOJE

Apresentação

Na Rua Guajuviras, s/n, Parque da Conceição, casa 3, foi criada em 1980 a Escola Municipal de Iniciação Artística – EMIA, como órgão vinculado à Coordenadoria das Atividades de Iniciação Artística do Departamento de Teatros da Secretaria Municipal de Cultura da Prefeitura do Município de São Paulo.

Desde então, vem sendo desenvolvido um trabalho gratuito e pioneiro de aulas regulares de iniciação artística para crianças de 5 a 12 anos, conforme um projeto que visa integrar música, artes plásticas, teatro e dança.

Dentro de seu projeto artístico-pedagógico, a EMIA oferece ainda oficinas semestrais ou anuais nas diferentes linguagens para alunos, ex-alunos de 13 a 18 anos, pais e comunidade; aulas de instrumento, individuais ou em grupo; reuniões e atividades com pais; apresentações artísticas com produções dos alunos, professores e artistas convidados.

Ao longo destes anos, a maneira de executar o trabalho se transformou, pois a constante relação entre estrutura e gênese tem permitido novos processos de construção. Numa perspectiva piagetiana, esta construção é aberta e complexa, relacional e dialética, ou seja, caracteriza-se por um diálogo constante da gênese com as estruturas e vice-versa.

Uma analogia deste processo com a explicação do construtivismo sobre a origem e evolução dos conhecimentos permite afirmar que a escola vem assim construindo um conhecimento sobre si mesma.

Estrutura e funcionamento

Para cumprir o objetivo de promover a iniciação artística de crianças de 5 a 12 anos, a escola tem um Currículo Obrigatório e um Currículo Complementar.

No currículo obrigatório, a formação das turmas, os conteúdos a serem desenvolvidos e a carga horária são norteados pelo critério de faixas etárias. As crianças de 5/6 anos freqüentam a escola uma vez por semana, em aulas com duas horas de duração, sob a orientação de dois professores: um de musicalização (preferencialmente) e outro de artes plásticas, teatro ou dança, de modo que possam desenvolver seu potencial artístico e criativo em um espaço de sensibilização estética, experimentação dos diferentes materiais e vivência dos conteúdos pertinentes à sua faixa etária.

As crianças de 7/8 anos freqüentam a escola uma vez por semana, durante três horas, com dois professores: um de musicalização (preferencialmente) e outro de artes plásticas, teatro ou dança. Nesta faixa etária, o trabalho artístico-pedagógico leva em conta a experiência anterior das crianças na escola para aprofundar alguns conteúdos relativos aos elementos básicos das linguagens trabalhadas e dar condições para o desenvolvimento de projetos expressivos que considere o interesse do grupo.

Para a faixa etária de 9/10 anos o tempo de duração das aulas é de quatro horas, uma vez por semana, com a participação de quatro professores, um para cada linguagem: artes plásticas, dança, música e teatro. Nessa composição, que na escola tem o nome de *quarteto*, são atendidos dois grupos com 14 alunos cada um. Os professores podem dividir o horário e separar ou agrupar os alunos, conforme for mais adequado aos conteúdos selecionados, ao andamento das atividades e dos projetos.

O *quarteto* visa não só garantir a compreensão das especificidades de cada linguagem, como promover, pelos conteúdos trabalhados, a integração dessas linguagens em projetos expressivos.

Nos dois últimos anos do Currículo Obrigatório, que abrange a faixa etária de 11/12 anos, o aluno deve optar por uma das quatro linguagens para finalizar seu percurso de iniciação artística na escola. O curso escolhido é dado por um professor específico da área, em aulas semanais com três horas de duração.

Do currículo complementar constam como atividades opcionais aulas de instrumento, individuais ou em grupo, e oficinas.

Aulas de Instrumento

A EMIA oferece opções de aula para os seguintes instrumentos: piano, violino, viola, violoncelo, violão, cavaquinho, guitarra elétrica, saxofone, flauta doce, flauta transversal, pífaro, percussão e bateria.

A partir de sete anos, os alunos que demonstrarem interesse pelas aulas de instrumento, individual ou em grupo, poderão ser inscritos por seus pais na secretaria, nas datas definidas pela direção no calendário anual.

Para a inscrição os professores de grupo preenchem uma ficha da qual consta uma breve avaliação e uma pesquisa juntos aos alunos quanto a preferência, a escolha ou não de cada um. Ao serem chamados passam por um período de experimentação de quatro meses, após o qual a vaga será ou não confirmada pelo professor de instrumento.

Quando a demanda é maior do que o número de vagas, há uma fila de espera cuja ordem de chamada atende aos seguintes critérios: a avaliação do professor de musicalização; o tempo que o aluno estuda na escola (critério de antiguidade); e a idade (dos mais velhos para os mais novos). As vagas disponíveis influenciam a ordem de chamada em relação à lista de espera, pois, dependem também da disponibilidade de horário dos alunos quanto ao dia da semana e ao período – manhã ou tarde.

Os alunos de instrumento podem ainda cursar percepção, em grupos formados em três níveis de conhecimento, existindo um grupo de cada nível para cada período, manhã ou tarde.

Para os alunos a partir de 8 anos, regularmente matriculados, a escola oferece ainda cursos de dança, teatro e artes plásticas para que possam complementar, de acordo com suas preferências, o trabalho realizado no currículo obrigatório.

Oficinas

Ao início de cada semestre, os alunos com idade mínima de sete anos podem matricular-se para as oficinas semestrais ou anuais que funcionam paralelamente às aulas obrigatórias, a fim de diversificar e ampliar suas experiências e conhecimentos. Sua iniciação.

A proposta de cada oficina é feita pelos professores a partir de seus projetos pessoais, mas devem ser aprovadas pela direção e estar de acordo com a proposta da escola. A oferta de temas e conteúdos pode variar a cada semestre.

As vagas são preenchidas de acordo com os seguintes critérios: chegada, idade mínima, idade máxima, número de vagas, freqüência em oficina anterior.

Atualmente, a escola oferece oficinas para alunos, ex-alunos e pais. Existem ainda oficinas abertas à comunidade.

A literatura vem lentamente ganhando espaço na escola, o que traz a perspectiva de mais uma linguagem.

Os quadros a seguir trazem a relação das oficinas semanais, com duração de duas horas, abertas para o ano de 2006.

CAPÍTULO 1 – A EMIA HOJE

OFICINAS DE ARTES PLÁSTICAS/ PROFESSOR(A)	Nº DE VAGAS	PÚBLICO ALVO	FAIXA ETÁRIA	DESCRIÇÃO
"Panos e Retalhos" – Maru Ohtani	08	Alunos, ex-alunos e comunidade	Crianças acima de 10 anos, adolescentes e adultos	Oficina onde o aluno aprende a costurar com imaginação, usando tecidos, retalhos, rendas, botões, bordados, etc., deixando livre sua criatividade.
"Ver as Formas" – Rui Siqueira	08	Pais e mães de alunos da EMIA e comunidade	Acima de 16 anos	A vivência do mundo das artes plásticas através de técnicas como desenho, pintura e escultura, em aulas teóricas e práticas

Quadro 1

OFICINAS de TEATRO/ PROFESSOR(A)	Nº DE VAGAS	PÚBLICO ALVO	FAIXA ETÁRIA	DESCRIÇÃO
"Hora da História" – Márcia L. de Oliveira	12	Alunos/ pais/ ex-alunos/ comunidade	A partir de 8 anos	A oficina é um espaço de encontro onde serão propostas as seguintes atividades: ouvir, contar, dramatizar, desenhar e criar histórias.
"Grupo de EX" – Carlos Sgreccia	12	Ex-alunos da EMIA	13 a 18 anos	Trabalho com o "Grupo de EX" baseado na peça teatral "Sonho de uma Noite de Verão", de Shakespeare
"Oficina de Teatro Comunidade" – Carlos Sgreccia	12	Comunidade	Acima de 20 anos	Criação de um trabalho baseado em peças teatrais de autores nacionais
"Oficina para Ex-alunos" – Thereza Peric	12	Ex-alunos	Acima de 12 anos	A partir de jogos que se utilizam do espaço, do gesto, da fala, do som, do texto e da música, são criadas relações entre os participantes para a construção de cenas
"Agora é a Hora" – Evandro Silveira	12	Comunidade	Acima de 18 anos	Através de exercícios, jogos e brincadeiras será desenvolvido um trabalho de exploração dos sentidos, buscando a desenvoltura e o auto conhecimento do indivíduo.

Quadro 2

OFICINAS DE DANÇA/ PROFESSOR(A)	Nº DE VAGAS	PÚBLICO ALVO	FAIXA ETÁRIA	DESCRIÇÃO
"Estações do Movimento" – Márcia Maddaloni	20	Ex-alunos e comunidade	Acima de 13 anos	Através da dança contemporânea, desenvolver um repertório de movimentos incluindo habilidades corporais, dramatizaçã o e criação para a concepção coreográfica
"Dança Contemporânea e consciência corporal" – Márcia Maddaloni	20	Comunidade	Adultos	Através da dança contemporânea desenvolver um repertório de movimento que inclui a criação e a conscientização corporal (alongamento/flexibilidade), na concepção coreográfica.
"Mitos e Lendas" – Tatiana de Láquila	15	Alunos, ex-alunos e comunidade	11 a 16 anos	Curso de dança contemporânea com abordagem em teatro e música. A proposta da oficina é desenvolver pesquisa sobre mitos e lendas de várias etnias, para montagem cênica que integre a dança, a música e o teatro

Quadro 3

OFICINAS DE MÚSICA/ PROFESSOR(A)	Nº DE VAGAS	PÚBLICO ALVO	FAIXA ETÁRIA	DESCRIÇÃO
"Da Sucata ao Som, do Som à Música" – Wilson Dias	12	Alunos, ex-alunos e comunidade	10 a 16 anos	O desenvolvimento de um trabalho cênico - musical, a partir de material alternativo (sucata), incluindo a construção desses instrumentos e cenários. Os integrantes além de fazerem parte de um grupo de percussão, em paralelo adquirem uma consciência de cidadania, através da reciclagem e da aplicação prática.
"Batuquemia" – Wilson Dias	12	Alunos de instrumento da EMIA	10 a 12 anos	Oficina de percussão oferecida aos alunos de instrumento da EMIA, como aula complementar. Prática de conjunto com instrumental variado de percussão e repertório formado por ritmos brasileiros (samba, baião, maracatu, ijexá, frevo, etc.).
"Oficina de Musicalização e outras Artes" – Ana Cristina Rossetto	13	Comunidade	08 a 10 anos	Proporcionar às crianças que não tiveram a oportunidade de ingressar na EMIA, um pouco da vivência do trabalho da escola.
"Coremia" – Maru Ohtani (manhã e tarde)	15	Ex-alunos e comunidade	13 a 20 anos	O COREMIA desenvolve arranjos sofisticados dentro do repertório de música brasileira. É necessário ter cantado em coral. Haverá uma pré-seleção no 1º dia de aula.
"Coral de Mães" - Maru Ohtani e Carlos Sgreccia	10	Mães de alunos e comunidade	Acima de 20 anos	A oficina tem como objetivo cantar em grupo com prazer , fazendo do canto o seu veículo de expressão. Haverá pré-seleção no 1º dia de aula.
"Coral Arcolito" - Maru Ohtani (manhã e tarde)	12	Alunos e comunidade	07 a 08 anos	Arcolito é um coral para a criança cantar, brincar e explorar a sua voz.
"Flauta Doce em conjunto" – Claudia Freixedas	06	Ex-alunos e comunidade	12 a 14 anos	Oficina de Flauta Doce oferecida à alunos que já tenham um conhecimento do instrumento. O objetivo é desenvolver a técnica do instrumento através da prática de conjunto utilizando repertório de música brasileira, folclórica, renascentista e barroca.

Quadro 4

FONTE: MEMO nº 081/EMIA/06 DE 06 DE MARÇO DE 2006 ao Sr. Diretor do Departamento de Expansão Cultural para conhecimento e providências de publicação no Diário Oficial da Cidade de São Paulo.

Como atividades extra-curriculares são promovidos passeios, visitas a museus, exposições, apresentações e outras atividades culturais como ensaios abertos e concertos didáticos.

Atualmente, sorteio público é o critério de seleção para o ingresso na escola.

Neste momento a escola atende 1.500 alunos sendo 1.300 regularmente matriculados – a rematrícula é realizada no mês de novembro e, 200 vagas abertas para a comunidade e ex-alunos.

Capítulo 1 – A EMIA HOJE

Já o corpo docente conta com 50 professores com currículo artístico, nível universitário ou equivalente e experiência pedagógica comprovada.

Os coordenadores, escolhidos entre os professores e pelos professores, permanecem na função por dois anos. São quatro coordenações de área: música, artes plásticas, teatro e dança. As reuniões da equipe, coordenações e professores, são semanais com duração de duas horas.

Semestralmente, há reuniões pedagógicas com os pais, pois, para a escola, tem sido fundamental a participação das famílias. No início do ano, direção e coordenação reúnem-se com os pais de alunos novos, para apresentar o perfil artístico e pedagógico da escola e esclarecer condutas e procedimentos adequados ao projeto que se deseja desenvolver.

A APEAEMIA – Associação de Pais, Ex-Alunos e Alunos da EMIA, foi criada formalmente em 1995, embora já fosse ativa desde os primeiros anos da escola. Seu objetivo é intensificar a colaboração entre pais e escola. Sua ação tem sido de fundamental importância para o bom andamento das atividades artístico-pedagógicas da escola.

Já a APEMIA – Associação de Professores da EMIA, com Estatuto aprovado em Assembléia no dia 19 de março de 1994 e registrado em 31 de maio do mesmo ano, representa os docentes nas instâncias superiores da Secretaria Municipal de Cultura e da própria Prefeitura.

Eventos artísticos e exposições de professores, alunos e artistas convidados que compõem o "Espaço Cultural EMIA", acontecem dentro e fora da escola, nos mais variados projetos da Secretaria de Cultura ao longo destes anos. Alguns exemplos são o Projeto Natal no Municipal, Hospital do Servidor Público Municipal, Hospital Menino Jesus, Instituto da Criança, Projeto Férias, apresentações em bibliotecas, escolas municipais de educação infantil e ensino fundamental, feiras de arte, inaugurações, teatros da própria Prefeitura, Câmara Municipal, Universidade de São Paulo, SESC, entre outros.

Aos sábados, às 10 horas, os alunos apresentam-se em audições, *Master Classes* e participam de oficinas. Este espaço de apresentações e exposições, chamado Espaço Cultural, acolhe também as produções dos artistas-professores da escola e artistas convidados que acontecem, geralmente, às 16 horas.

Espaço físico

As atividades distribuem-se e funcionam em 3 casas situadas dentro do Parque Lina e Paulo Raia, da seguinte maneira: a central administrativa, secretaria, diretoria, biblioteca, setor de cópias, sala de percepção, cozinha funcionam na Casa 1. Na Casa 2, salas/ateliês para as aulas de artes plásticas, almoxarifado de artes plásticas, sala de figurinos, camarim, forno para queima de argila, auditório, sala de aula de percussão e bateria, sala de aula de instrumento (flauta, cavaquinho) e um anexo – sala apropriada para dança. E a Casa 3 acomoda o saguão de exposições, salas de aula para as diferentes faixas etárias, oficinas, salas para aulas de instrumento individual e em grupo, Sala Paulo Yutaka – onde também acontecem apresentações públicas, sala dos professores, sala de instrumentos, secretaria de alunos, cozinha.

Quadro administrativo

A equipe técnica é composta de um diretor, um assistente artístico, um assistente administrativo, sete auxiliares técnico-administrativos, três agentes de apoio (portaria e serviços gerais), uma jornalista (para o trabalho de divulgação de eventos), um instrutor cultural, um encarregado de manutenção, um vigia noturno. A escola tem ainda como serviços terceirizados sete funcionários para serviços de limpeza e cinco, para serviços de vigilância.

Para funcionar desta maneira, a escola tem, desde sua inauguração, construído e transformado sua estrutura e currículo, suas normas e regras.

No início utilizávamos apenas a Casa 3, A conquista das casas 1 e 2 permitiu a ampliação do número de alunos e das atividades.

O coordenador da área de música Wilson Dias neste ano de 2006 organizou o quadro a seguir, que utilizo como exemplo da relevância e da qualidade do trabalho desenvolvido na EMIA.

Capítulo 1 – A EMIA HOJE

ALUNOS CANDIDATOS A VAGAS NA EMM/TOM JOBIM/FUND.ARTES(FASC)

NOME DO ALUNO.	PROF.(A)	INSCRITO NA	APROV.	REPROV.	OBS.	INSTR.
Hanon G. L. Rossi	Wilson Dias	EMM	X		4 vagas	Percussão
Rachel Yasmin M. Araujo	Wilson Dias	Tom Jobim	X			Percussão
João Vitor Rudner	Sylvia Chiapetta	EMM	X			Piano
Alexandre Quintino	Sylvia Chiapetta	EMM	X			Piano
Erica S. Myasato	Kyoko Harakava	EMM	X		1º lugar	Flauta
Gustavo Barros	Kyoko Harakava	EMM	X		2º lugar	Flauta
Lia V. Pelizon	Aurélia Rodrigues	EMM Tom Jobim	X		3º lugar 1º lugar	Flauta
Arthur S. Morales	Claudia Freixedas	EMM	X		1º lugar de 2 vagas	Violoncelo
Juliana M. Santos	Aurélia Rodrigues	Tom Jobim e EMM	X		Lista de espera	Flauta
Talita dos Santos	Nado(Orq.) e Berenice Almeida	Tom Jobim FASC	X		2 º lugar	Percussão
Lia Braga Pessoa	Berenice Almeida	FASC, EMM/TomJobim	FASC 4º LUGAR			Piano
Ruben Hiroaki	Julio Maluf	Tom Jobim E EMM	X		Escolheu EMM	Violão
Bárbara Boratino	Ma. de Fátima E.F.Pimentel	EMM	X			Piano
Larissa Yamaguchi	Claudia Freixedas	EMM	X		3º lugar (em espera)	Voloncello
Fernanda Lika Nakamura	Maria de Fátima E.F.Pimentel	EMM	X		Lista de Espera	Piano

EMM – Escola Municipal de Música

Tom Jobim – Escola Livre de Música Tom Jobim

FASC – Fundação das Artes de São Caetano

A demanda é grande e a escola é única.

Embora no mesmo local, nosso atual endereço é Rua Volkswagen s/nº, Parque Lina e Paulo Raia Casas 1, 2 e 3.

2
A PESQUISA

EMIA – Sua trajetória

Ao eleger a Escola Municipal de Iniciação Artística – EMIA como objeto de estudo em meu trabalho de pós-graduação, levei em conta o pioneirismo de sua proposta, minha formação artístico-pedagógica e meu envolvimento com a instituição desde sua fundação.

Seu pioneirismo exigiu, daqueles que participaram do início de sua trajetória, a descoberta de caminhos de trabalho a partir da leitura do cotidiano, em um processo constante de reflexão e transformação.

Como não havia outra escola com proposta semelhante para se tomar como referência, a experiência delineou sua estrutura e seu funcionamento, o que exigiu o envolvimento dos diferentes segmentos que a constituem: administração; pais, alunos e comunidade; corpo docente.

Minha formação artístico-pedagógica, que em parte vem se desenvolvendo em função dos desafios e oportunidades vividos dentro da própria escola, aliada ao meu envolvimento com a instituição desde sua fundação, colocam-me em posição privilegiada de participante de sua história, sob diferentes ângulos: como aluna do primeiro Curso de Formação de Professores no 2º semestre de 1980; como mãe, de 1981 a 1985; como professora a partir de 1982; como coordenadora em diferentes oportunidades e como assessora psicopedagógica junto à direção de 2001 a 2004. Desde 1997, quando entrei para o Mestrado e agora no Doutorado, passei a atuar também como pesquisadora mas, acima de tudo, como artista, educadora e crítica.

Minha filha mais nova, aluna fundadora da escola, teve a oportunidade de freqüentar as aulas regulares em grupo, aprender flauta e saxofone individualmente e participar da orquestra.

Tanta intimidade e identificação com este trabalho certamente influíram nos critérios de escolha do tema e me levaram a considerar a abordagem qualitativa e documental como a mais adequada para atingir os objetivos propostos. Durante as diferentes etapas do projeto, essa abordagem permitiu delinear os focos de investigação de forma flexível, para que pudessem ser redimensionados.

Como foi feita a pesquisa

O fato de fazer parte da instituição, na qualidade de educadora e crítica, tem mediado a coleta, a seleção e a análise das informações que surgem.

A abordagem qualitativa exige um longo processo de observação participante nos diferentes estágios do estudo proposto; implica um período longo de registros e de coleta de informações, o que gera um grande volume de material a ser mediado pelo pesquisador.

Este material busca incluir a narrativa dos sujeitos e seu reflexo na prática e analisar como a apropriação do trabalho se reflete nos sujeitos, tendo a arte como veículo, interferindo no processo educativo-cultural.

Embora muitas vezes o envolvimento dificulte o distanciamento necessário entre o pesquisador e o objeto pesquisado, a sistematização foi garantida pela posição de aluna-pesquisadora durante o mestrado na Faculdade de Educação da Universidade de São Paulo. Graças às disciplinas cursadas e ao trabalho atento de meu orientador,

Capítulo 2 – A Pesquisa 45

pude ser uma observadora participante e manter total interação com cada situação pesquisada.

A pesquisa se caracterizou pelo envolvimento em diferentes situações em sala de aula, em reuniões pedagógicas, em apresentações públicas, em encontros com pais, na relação com os outros professores, em contato com os diretores e setor técnico-administrativo, na pesquisa e organização da documentação. Busquei reconstruir os processos e as relações que configuram e contextualizam a experiência do cotidiano da escola, para que fosse possível descobrir novas relações, novas formas de entendimento da realidade e de sua estrutura atual.

"Usando uma abordagem teórico-metodológica que supõe o contato direto do pesquisador com o acontecer diário da prática escolar e uma apreensão dos significados atribuídos a ela por seus agentes, torna-se possível reconstruir as redes de relações que se formam enquanto se dá o processo de transmissão e assimilação de conhecimentos na escola" (André, 1995:73).

Dentro da abordagem qualitativa, o estudo de caso mostrou-se o mais indicado, em virtude do problema a ser estudado estar circunscrito a uma instituição em particular – a Escola Municipal de Iniciação Artística e seu trabalho pioneiro em arte. Esta autora justifica:

"O caso pode ser escolhido porque é uma instância de uma classe ou porque é por si mesmo interessante. De qualquer maneira o estudo de caso enfatiza o conhecimento do particular. O interesse do pesquisador ao selecionar uma determinada unidade é compreendê-la como uma unidade. Isso não impede, no entanto, que ele esteja atento ao seu contexto e às suas inter-relações como um todo orgânico, e à sua dinâmica como um processo, uma unidade em ação" (1995:31).

Para apreender o dinamismo da escola, considerei a forma como ela vem se estruturando ao longo dos anos, os recursos materiais, os níveis de participação dos diferentes setores, a organização e o desenvolvimento dos projetos artístico-pedagógicos, enfim, toda a rede de relações que configura o cotidiano da instituição enquanto sistema e afeta diretamente a sua produção artístico-cultural. Assim, conduzi a pesquisa de modo a representar os diferentes segmentos que a compõem.

Pude perceber então a importância do contato direto com os diretores e com o pessoal técnico-administrativo ao longo desses anos, o que exigiu utilizar anotações pessoais, conversas, entrevistas com diretores e a documentação artístico-pedagógica da escola.

O primeiro passo foi fazer um levantamento do material sobre a escola. Em seguida fiz um levantamento do material documental existente na própria escola, cuja leitura revelou, na maioria dos casos, falta de informação cronológica. Alguns livros mostravam riqueza expressiva e criatividade, preocupação na montagem do farto material fotográfico, depoimentos e ilustrações. Em contrapartida, algumas direções quase não deixaram documentação. Em poucos casos, encontrei apenas dados administrativos.

A leitura do material demandava que os dados obtidos fossem datados, numerados e catalogados.

As entrevistas com diretores foram realizadas em tom de conversa, a partir de um roteiro básico, que servia apenas como referência para se considerar alguns dados comuns e complementar a documentação da escola além de apontar a visão, objetivos, dificuldades e conquistas de cada direção, em cada época, para contextualizar as transformações ocorridas.

O roteiro das entrevistas constava de questões sobre as circunstâncias em que fora convidado para dirigir a EMIA, qual sua visão da escola quando assumiu a direção, quais suas principais metas como diretor (a), quais os principais problemas encontrados, quais suas conquistas, qual a sua visão da EMIA ao deixar a direção e que imagem associava à EMIA.

As dez entrevistas utilizadas foram gravadas em fita cassete e transcritas na sua íntegra. A entrevista com Cléa Galhano foi realizada por fax, uma vez que mora nos Estados Unidos. E a todos os entrevistados foi pedido um currículo resumido. Durante a atualização dos dados, conversei com as três últimas diretoras que posteriormente entregaram por escrito seus depoimentos levando em conta os itens acima.

Todos se mostraram bastante disponíveis e o diálogo permitiu que sentimentos, sensações, posicionamentos e lembranças aflorassem livremente e que os depoimentos traduzissem o grau de envolvimento com a escola e o trabalho desenvolvido.

Com relação ao corpo docente, coloco-me como representante deste segmento enquanto narradora participante de toda esta experiência e organizadora deste estudo. Dialogando ativamente ao longo dos anos com todos os demais participantes também eu vivi todo o processo aqui discutido.

Com a preocupação de abranger a apropriação ativa dos conhecimentos tanto pelos professores quanto pelos alunos, documentei durante o segundo semestre de 1999 o Projeto Axioma 7, desenvolvido pelas classes de 9/10 anos, de quinta-feira, período da manhã e que integra música, teatro, dança e artes plásticas.

A EMIA é rica e caleidoscópica em seus saberes e produções artísticas. São corais, conjuntos musicais, montagens teatrais, exposições de artes plásticas, performances, trabalhos integrados de música, teatro, dança e artes plásticas que compõem uma agenda cultural regular para alunos e professores.

Um recorte tornou-se necessário para falar do trabalho realizado pela escola e acredito que o projeto Axioma 7 pode contextualizar sua prática cotidiana, sendo significativo para a discussão por conter aspectos afetivos, cognitivos e sócio-culturais em sua idealização pelas crianças, em seu processo de desenvolvimento e em sua conclusão como projeto artístico com apresentação pública no teatro Paulo Eiró.

"O corte do cotidiano, para o qual o sujeito individual é o referencial significativo, define um primeiro nível analítico possível das atividades observáveis em qualquer contexto social. Para o pesquisador, este conjunto de atividades cotidianas é e deve ser articulável a partir de muitos outros níveis analíticos. As continuidades e descontinuidades entre as práticas e os saberes são percebidas quando se determinam as unidades e categorias analíticas que atravessam e nivelam os limites que o cotidiano define para cada sujeito" (Ezpeleta e Rockwell, 1986: 22).

No que diz respeito ao contexto sócio-político e cultural mais amplo, é importante considerar que o fato desta escola ter sido criada em 1980 e pertencer à Secretaria Municipal de Cultura da Prefeitura do Município de São Paulo confere-lhe um caráter diferenciado. É uma escola pública, única e gratuita para todo o município; está voltada para a iniciação artística dentro de um espaço de cultura; e as crianças a freqüentam por vontade própria.

Busquei apreender o processo dinâmico que move a escola, onde se criam e recriam conhecimentos, valores e significados, em um espaço cultural que convive com a pluralidade de linguagens, pensamentos e objetivos.

Dito de outra maneira, o que se pretendeu não foi retratar a escola, mas desvelar as múltiplas dimensões de sua prática, refazendo seu movimento, apontando contradições, para melhor reconstruir essa prática e preservar a força viva de sua história.

As histórias se encontram

Em 1980 eu cursava Licenciatura Plena com Habilitação em Música na Faculdade Paulista de Arte da Academia Paulista de Música – Fap Arte e estudava piano na Escola Magdalena Tagliaferro com a professora Maria Eliza Figueiredo Bologna, que era também Coordenadora do Departamento de Teatros da Secretaria Municipal de Cultura. Foi assim que ouvi as primeiras notícias de *uma escola de música para crianças*.

Vamos retroceder um pouco no tempo, para o final dos anos 70. A construção do metrô que avançava no sentido Jabaquara, levou a muitas desapropriações. A desapropriação das três casas dentro da área verde no Parque da Conceição para a construção de prédios para a Empresa Municipal de Urbanização – EMURB foi considerada indevida, graças à ação do doutor João Loureiro.

Houve, então, uma reunião com a EMURB, na Secretaria Municipal de Cultura, cujo objetivo era dar destino a essas casas, com a presença da professora Maria Eliza como representante do Diretor do Departamento de Teatros. As casas 1 e 2 ficaram para a Cinemateca. Com relação à casa 3, conta-nos a professora Maria Eliza:

"Aproveitando uma oportunidade que surgiu durante a reunião, propus a criação de uma escola de música para crianças e esta proposta foi aceita na mesma hora" (Bologna, entrevista 1).

Ainda não havia um projeto, apenas uma oportunidade que, graças ao doutor João Loureiro, à presença da professora Maria Eliza F. Bologna e ao empenho da Profa. Dra. Marisa Fonterrada, se transformou na EMIA.

Com a autorização do Secretário de Cultura para a criação da escola, o objetivo inicial foi oferecer uma escola para as crianças *aprenderem música de forma interativa* com outras áreas artísticas. Esse estudo *interdisciplinar* prepararia esses alunos para, aos 12 anos, passarem para a Escola Municipal de Música – EMM (Lima, 1999).

"...inicialmente eu pensei em fazer uma escola de música. Eu trabalhava na Escola Magdalena Tagliaferro e lá fiquei observando o trabalho das minhas colegas com as crianças e percebi que elas usavam outros elementos para desenvolver essas crianças..." (Bologna, entrevista 1).

A Profa. Dra. Marisa Fonterrada, que era, então, diretora da Escola Municipal de Música – EMM, trabalhou junto com a professora Maria Eliza para a implantação da nova unidade de ensino artístico, que deveria ser um apêndice da EMM.

Enquanto a casa onde funcionaria a futura *unidade II* estava sendo reformada, com o auxílio dos arquitetos da EMURB, os móveis e os instrumentos foram comprados, a primeira equipe de professores foi contratada.

Para as contratações foi necessário justificar a razão de haver professores de artes plásticas, movimento e teatro em uma escola de música. A idéia inicial era usar outras linguagens artísticas como recurso para garantir o desempenho das crianças no estudo individual de instrumento, preparando-as para ingressarem na Escola Municipal de Música – EMM.

Durante seis meses a equipe de professores se reuniu, enquanto a escola estava em obras.

Nesses encontros, a professora Claudia Badra, que vinha do GRUPARTE e tinha formação em teatro pela ECA – Escola de Comunicações e Artes da USP, coordenou um trabalho de oficinas com as demais colegas que, em sua maioria, eram professoras de música.

Essas vivências dentro das reuniões duraram seis meses e foram o primeiro passo para se delinear um trabalho que buscava integrar música, teatro, dança e artes plásticas.

Com a mudança de administração, o novo Secretário da Cultura, professor Mário Chamie, separou as duas escolas e criou a Escola Municipal de Iniciação Artística que passou a funcionar de forma autônoma (Lima, 1999).

A escola foi inaugurada em 1980 e, no segundo semestre, participei do curso de formação de professores que foi oferecido para a comunidade. Na época, cursava o terceiro semestre da faculdade e havia optado por mudar do bacharelado para a licenciatura plena em música. Pude assim cursar as matérias pedagógicas, teatro, história da arte, arte e percepção visual, além das disciplinas ligadas à música.

Essa diversidade de experiências, minhas indagações iniciais, o interesse por Piaget, fizeram–me acreditar naquela proposta de uma escola de iniciação artística como possibilidade de um espaço diferenciado que viesse a complementar a escola regular quanto ao ensino da arte. Durante o ano de 1981 ao levar minha filha para as aulas pude acompanhar o trabalho como mãe e usufruir do parque como privilégio.

"Quando começou não tinha diretor. A princípio eu ficava nervosa porque as sugestões que eu dava não eram aceitas e eu estava com medo que viesse alguém imposto politicamente. Hoje, observando, achei bom que não tivesse um diretor porque o grupo se formou, colocamos um encarregado para tomar conta. Eu ia uma vez por semana, fizemos o seminário. Às vezes foi difícil porque não sabíamos como trabalhar juntas" (Bologna, entrevista 1).

Como a escola não contava com uma direção oficial, era Maria Eliza quem dava um suporte para a equipe, vindo uma vez por semana para coordenar as reuniões. Na época, era também coordenadora das Unidades de Iniciação Artística que compreendiam a Escola Municipal de Bailado e a Escola Municipal de Música.

Como era uma experiência pioneira, coube aos profissionais contratados pensar e organizar o funcionamento da escola: número de alunos por classe, tempo de duração das aulas, critérios de seleção, horários, currículo, critérios para estruturação dos grupos.

A criança poderia freqüentar a escola dos 5 aos 12 anos, em grupos-classe organizados por faixa etária: 5/6 anos, 7/8 anos, 9/10 anos e 11/12 anos.

A área de música optou por um teste classificatório para a seleção dos alunos interessados.

As matrículas eram feitas para aulas de musicalização e de expressão, que aconteciam uma vez por semana e para as quais a freqüência era obrigatória. *Expressão* incluía teatro, dança e artes plásticas.

As mães escolhiam os horários de modo que as crianças participassem das aulas de musicalização e de expressão em grupos e dias diferentes. Havia ainda a possibilidade de optar pelo estudo individual de um instrumento – piano e flauta doce.

Em julho de 1982 assumi o cargo de professora de música e me foi solicitado pela Maria Eliza preparar um seminário que deveria abordar duas questões:
- Qual a função de uma escola de iniciação artística?
- Como esta escola se localiza atualmente neste contexto?

Seminário
- *Qual a função de uma escola de iniciação artística?*

"A educação, bem compreendida, não é apenas uma preparação para a vida, ela própria é uma manifestação permanente e harmoniosa de vida"

Edgar Willems

E, é assim que deve ser encarada a educação artística, uma vez que recorre à maioria das principais faculdades do ser humano.

Uma escola de iniciação artística deve dar condições para que todas as crianças, mesmo as não particularmente dotadas, possam desenvolver sua capacidade expressiva e criativa e que possam, com a vivência dos trabalhos desenvolvidos, transferir esse conhecimento e crescimento nas diferentes situações da vida.

O homem deve ser o construtor ativo e não um espectador passivo de nossa cultura, cria e recria através da leitura do mundo e da leitura de si mesmo. Através da leitura do mundo é que o homem vai desenvolver a observação, a atenção, as seqüências, o ritmo.

Tocar, ver, ouvir, cheirar e saborear, absorvem a participação ativa do indivíduo.

No entanto, não se trata apenas da presença de sons ou de ter objetos acessíveis que possam ser vistos e tocados; é, sobretudo, a estimulação da criança e do seu meio, através dos sentidos, que estabelece a diferença entre a criança que está ávida por explorar e investigar o seu ambiente e a que se retrai e se fecha em si mesma.

Devemos estar aptos a usar nossos sentidos livremente, de uma forma criativa, e a desenvolver atitudes positivas em relação a nós próprios e àqueles que nos cercam.

O sistema educacional tem feito muito pouco para substituir a crescente perda de identidade de uma pessoa consigo própria e pouco se faz para que a criança encontre uma resposta dentro do próprio processo.

A aprendizagem não é mera acumulação de conhecimentos, implica também uma compreensão de como esses conhecimentos podem ser apreendidos e utilizados, sendo importante que o educando questione e formule as próprias respostas.

A educação artística desempenha um papel vital no desenvolvimento infantil e a criança é o ingrediente essencial.

Uma escola de iniciação artística tem papel fundamental no processo educacional.

Através do fazer musical, do jogo dramático, da expressão corporal, da expressão plástica, o educando se coloca por inteiro, confia em si próprio e nos outros.

Essa confiança está intimamente ligada à atuação do educador como co-participante das atividades propostas.

A uma escola e a um professor atualizados, não cabe a simples tarefa de limitar-se a instruir seus alunos com a memorização passiva de toda sorte ou com a mera aquisição de técnicas.

A verdadeira educação incentiva e satisfaz as exigências afetivas da personalidade através do contato com o ambiente, da percepção, da vibração emocional e da vivência da realidade.

Cada professor, identificado com sua própria experiência dará condições para que a criança desenvolva ao máximo os conceitos que expressam os seus sentimentos, as suas emoções, a sua própria sensibilidade estética. Assim, a criança descobre a si mesma, adquire auto-confiança, liberta-se e se comunica abertamente com os demais.

A expressão procede da "criança total" e constitui um reflexo desta mesma criança.

Um sistema educacional bem equilibrado visa o desenvolvimento deste ser total.

Esse processo pressupõe um educador claro, direto, afetivo, confiante e flexível, pois, a expressão artística é um processo dinâmico, e, para que esse processo seja verdadeiramente significativo, não basta uma atmosfera propícia, mas, também a canalização flexível dos sentimentos, das emoções e dos dotes perceptuais da criança.

Viver é um processo criativo e conviver é participar da criação.

- Como esta escola se localiza atualmente neste contexto?

Grande parte da exposição anterior tem fundamento na experiência vivida aqui, durante o curso de formação de professores, e agora com os estágios. Tenho ainda a vivência de mãe de uma das 'alunas fundadoras' desta escola e sinto bastante coerência entre o que acredito e o trabalho aqui desenvolvido.

No entanto, levando em conta a rede oficial de ensino regular, que trabalha muito mais o pensamento convergente do que o pensamento divergente, lamento as poucas vagas e o número limitado de crianças que podemos atender.

Observando as crianças que freqüentam esta escola, vejo o quanto elas se desenvolvem e crescem, o quanto esta escola é importante também para os não particularmente dotados.

Uma vez que a arte desempenha um papel significativo no desenvolvimento das crianças, neste momento eu pergunto:

- Quem deve freqüentar esta escola?

- Quem precisa mais desta escola?

- O mais brilhante ou o menos dotado?

O nosso trabalho aqui pode proporcionar a oportunidade de aumentar a capacidade de ação, de experiência, de redefinição e estabilidade necessárias para viver em uma sociedade que se caracteriza pelas tensões e incertezas.

As questões trazidas neste seminário de setembro de 1982 refletem não só uma posição pessoal mas algumas inquietações que dividiam o grupo de professores, uns mais voltados para a formação num instrumento e sua técnica, outros mais preocupados com a importância da arte para uma formação global e significativa dos alunos.

Durante o segundo semestre de 1982 fiz estágio nas classes da professora Maria Amália Martins, o que contribuiu para minha adaptação à escola e para uma reflexão quanto à sua prática.

As reuniões tratavam mais dos problemas imediatos e cotidianos. As questões mais amplas eram tratadas como pontos de vista divergentes em relação às duas posições acima mencionadas. Decisões gerais, de âmbito institucional, ficavam prejudicadas. Mas era garantida aos professores liberdade de trabalho em sala de aula.

Iniciamos o ano de 1983 e essas diferenças se refletiam, por exemplo, no tempo de duração das aulas. Enquanto alguns professores de musicalização achavam que 60 minutos semanais eram suficientes para o seu trabalho com os alunos, outros como eu defendiam serem necessários 90 minutos para que houvesse um tempo de aquecimento, um trabalho de dinâmica com o grupo, vivências de conteúdos musicais, registros das experiências e fechamento das atividades. As aulas de expressão duravam 90 minutos.

A falta de clareza do perfil da escola também se refletia na atitude dos alunos que muitas vezes se mostravam inseguros diante da possibilidade de um trabalho pessoal, de um fazer do "seu jeito", da não existência de notas, do compromisso como regulador da participação em aula, de um aprender brincando. O fato de haver o teste de música para ingresso na escola e um teste para freqüentar as aulas individuais de instrumento reforçava a idéia de que se tratava de uma escola de música e não de uma escola de iniciação artística.

O modelo que traziam da escola regular era outro fator gerador de inseguranças uma vez que tanto pais quanto alunos vinham de uma experiência muito diversa quanto a critérios de avaliação, organização do espaço, divisão do tempo, pouca valorização da arte. Um modelo que não considera as diferenças, que não tem espaço para a expressão.

No entanto, a própria estrutura naquele momento dividia a EMIA em duas áreas: música e expressão. As aulas eram em dias diferentes, com grupos diferentes. Assim, a integração, quando acontecia, dependia muito mais de um processo interno dos alunos do que das condições oferecidas pela escola.

CAPÍTULO 2 – A PESQUISA   57

Uma contribuição importante para o enriquecimento das propostas e das experiências vividas em sala de aula estava na diversidade dos alunos que, em função da proximidade do metrô com a escola, vinham dos mais diferentes pontos da cidade e de escolas públicas e particulares das mais diversas orientações. Os professores também se constituíam em um grupo bastante diversificado, vinham de diferentes formações e crenças em educação e ensino de arte.

As tendências se encontram

Como localizar a EMIA no momento de sua criação, em 1980, diante da trajetória da arte nas escolas, diante das tendências pedagógicas em educação?

No Brasil contamos com um histórico em educação que privilegia o pensamento lógico, a objetividade. Um sistema escolar baseado, ainda hoje, num saber que está centrado no professor, considera os conteúdos como verdades absolutas e o interesse maior está no produto do trabalho. As atividades visam fixar os conteúdos pela repetição e exercitar a vista, a mão, a inteligência, a memorização, o gosto e o senso moral (Ferraz e Fusari, 1993).

Na década de 50 o movimento denominado Escola Nova chega às escolas brasileiras em oposição à Escola Tradicional. Nessa perspectiva, passa a ser valorizado o processo e não o produto. A criatividade é a grande questão. Os alunos aprendem experimentando e descobrindo por si mesmos. Cabe ao professor propiciar aos alunos condições de se expressarem livremente, de forma espontânea, pessoal.

São estas duas tendências, a tradicionalista e a escolanovista, que exerceram evidentes influências com relação à arte na escola.

Até 1971, a escola, seja ela pública ou particular, tem seu currículo organizado de acordo com a Lei de Diretrizes e Bases de 1946 e oferece para as meninas "artes domésticas" e "trabalhos manuais" e, para os meninos, "artes industriais".

Em música os alunos aprendiam canto orfeônico, solfejo e os hinos pátrios.

Em desenho era ensinado desenho geométrico e muitos professores incluíam no programa desenho decorativo. Seguindo as orientações do professor ou copiando os modelos trazidos chegava-se ao *resultado esperado* (SP/SE/CENP, 1991).

A Lei de Diretrizes e Bases 5692/71, cuja implantação só se deu em 1976, instituiu a "Educação Artística" como atividade obrigatória nas escolas e passou a existir, a partir de então, o protagonista principal dessa mudança – o professor de arte (Marques, 1999). Criou-se assim a tão discutida polivalência, uma vez que o professor de arte deveria trabalhar com as linguagens plástica, musical e cênica.

Um aspecto positivo da Lei foi considerar a importância da educação artística no desenvolvimento da sensibilidade, da percepção, da imaginação. No entanto, a colocava não como disciplina mas como *atividade educativa* componente da área de comunicação e expressão.

Em 1976 poucos professores estavam habilitados em educação artística por cursos de licenciatura que instituíam e supunham polivalência do licenciado. Aqueles professores que ministravam aulas de desenho, música ou artes industriais adquiriram temporariamente o direito de atuar na área até que complementassem seus estudos.

O grande número de alunos por classe, a falta de espaço adequado para as aulas, a ausência de materiais e equipamentos, o número reduzido de aulas, a falta de especialização do professor em função da polivalência foram responsáveis por um esvaziamento dos conteúdos das linguagens artísticas específicas e impediram a integração entre conteúdos técnicos e pedagógicos.

O que se ministrava eram propostas de atividades expressivas espontâneas ou seguiam-se os livros didáticos.

Fomos, até os anos 70, marcados por decisões curriculares oriundas de um ideário tradicional e escolanovista com ênfase ou na aprendizagem reprodutiva ou, no fazer expressivo espontâneo dos alunos.

O ensino da arte tentou se enquadrar nas prerrogativas e modelos da instituição escolar, sem considerar que a escola é que precisava passar por uma transformação.

Essas duas tendências marcavam também os segmentos da EMIA: administração, professores, pais e alunos.

Mas havia algo diferente nesta escola, não sabíamos bem o que era. A liberdade que sentíamos era, com certeza, um diferencial. A singularidade da escola, seu crescimento, nos levavam a buscar um contorno. Os professores queriam uma direção.

Quero trazer a palavra de alguns protagonistas desta história inicial que esboçam um retrato vivo da escola naquele momento anterior à primeira direção.

São recortes de alguns depoimentos de abril e maio de 1990. A professora Cecília Lucia Tuccori e eu encontramos esse material, entre alguns papéis, pastas e cadernos empilhados sobre a mesa da sala dos professores, quando da mudança da área administrativa da casa 3 para a casa 1. Ávidas por material para o livro dos 20 Anos que estávamos elaborando, começamos a vasculhar. Encontramos algumas folhas grampeadas que pareciam ser um rascunho inicial da pesquisa para o livro do ano de 1990 – 10 ANOS DA EMIA.

"Quando me chamaram a escola não existia. Foi no fim de 1979. A Marisa Fonterrada me ligou e colocou o desejo de formar uma escolinha de artes. Elas colocaram que existia um projeto e um lugar. Inicialmente o espaço era para ser uma escola de música mas, não sei como, passou a ser Escola Municipal de Iniciação Artística, sem nenhum projeto de trabalho. A não ser um trabalho muito ligado à música e algum interesse também com artes plásticas, teatro, etc. Começamos com um grupo de professores, não havia diretores. Eu não sei como aconteceu, eu acabei dando aula para essas pessoas, nós fazíamos um trabalho de expressão e eu dirigia. Trabalho de sensibilização.

(...) Em 82 abriu para crianças. Havia testes para música, mas não conseguimos fazer testes para expressão.

(...) Era uma escola para se trabalhar livremente. Em termos da realidade brasileira, existia um comentário que essa escola era uma coisa de luxo. "

Cláudia Badra (professora)

" A Maria Eliza expôs a idéia da escola, que era a de ter a oportunidade de se colocar em prática um projeto com liberdade. Não havia um currículo obrigatório. Não havia uma programação como em um conservatório. Havia a possibilidade de colocar em prática, o ideal da gente com liberdade. E isso aconteceu sempre. Nunca ninguém impôs um projeto de outro. Nós sempre tivemos liberdade de executar nossos projetos.

(...) Durante o segundo semestre de 1980, nós trabalhamos com adultos. Pois não havia possibilidade, neste ano, de trabalhar com as crianças. Fizemos um curso para professores. Neste curso havia alguns professores da escola. A Márcia Lagua veio deste curso."

Thaïs Borges (professora)

"No começo era um grupo menor de professores. Nós começamos com um curso que foi orientado pela Cláudia Badra. Ela era a única professora de Expressão na época. Nós professores de música começamos a querer fazer um trabalho de integração. E foi nessa época que a Cláudia nos deu essa orientação.

(...) Esse primeiro grupo de professores começou a crescer, aí entrou a Thereza (Peric), a Iara (Jamra), a Ciça (Cecília Lucia Tuccori) (...). O Clóvis (Moreno) foi o primeiro homem a aparecer na escola."

Silvia Chiapetta (professora)

"O maior sonho era trabalhar em equipe e na escola existia esse espaço."

Ilza Antunes (professora)

Capítulo 2 – A PESQUISA

"Na Expressão era eu e a Cláudia. A idéia era iniciação artística. A parte de música iria continuar na escola de música. Para preparar as crianças para um bom teste para a escola de música. Eu comecei com a turma de 5 e 6 anos. A Ida (Meireles), pegava a música. Tinha umas reuniões de avaliação. E nessas reuniões comecei a me posicionar mais. Comecei a colocar a necessidade de mais materiais. Materiais plásticos. Por que chega uma hora que a criança precisa desenhar, fazer máscaras, etc. Dessa forma comecei a trazer material da minha casa. Pelo menos o mínimo. Papel craft, argila, jornal, canetinha. E eu comecei a trabalhar assim através de bonecos.

Percebemos que com 5 e 6 anos não funcionava aulas separadas. Que com essa idade deveria ter um professor. No ano seguinte (1982) já ficou assim. Tinham muitas reuniões. Nós trabalhávamos muito.

(...) No início não se valorizava muito nosso trabalho. Depois começaram a ver a validade do trabalho de expressão para a preparação corporal das crianças para a música. A Cláudia tinha um trabalho mais de corpo e eu mais de material. Eu tinha um processo de trabalho mais dirigido. No final juntava nossos trabalhos. Fazíamos muitas máscaras. Mexíamos muito com bicho. Aulas e aulas. No final o boneco usava também o corpo. Acho que esse trabalho completou a escola. Ele integrava música, dança ... Isso aconteceu na primeira apresentação onde os alunos apresentaram um boneco enorme que fizemos.

(...) A Maria Eliza era coordenadora. Qualquer tipo de pepino tinha que ligar no Departamento (de Teatros) e falar com ela. Nós começamos a solicitar uma pessoa para coordenar o trabalho.

(...) A Cláudia era um socorro para problemas com alunos, etc. Havia reunião com pais. A Cláudia organizava e falava com os pais. Ela tinha muito organizado na cabeça dela o projeto da escola. A Thaïs também falava. A gente já fazia aulas com pais. Durante uns quinze minutos fazíamos coisas com os pais. De forma menos intensa.

Expressão para eles era barra, balé. A idéia era escola de música. A escola era chamada escolinha de música. As apresentações foram sendo quebradas pela plástica, tirando aquele jeito de recital. (...) Nós começamos a usar o parque devagarinho. Tinha muita brincadeira. E aos poucos fomos levando outras atividades para fora, como desenhar, pintar, etc. Batalhávamos muito. Material, fotos, filme.

(...) A escola estava aumentando e precisava de direção."

Iara Jamra (professora)

"A escola, para mim, parecia mais livre neste começo. Era uma outra época. Mas vinha mais da espontaneidade da criança. E as mães pediam uma coisa mais técnica.

(...) A Gabriela, a Tatiana e a Valeska vivenciaram o processo da EMIA desde 1982. Quando entraram existia teste de seleção. Não tinha fila nada para entrar na escola. Soube da escola através de uma amiga que tinha um parente que trabalhava na Secretaria de Cultura. Esse exame de seleção era de música.

(...) Toda a reunião nós ouvíamos que era para as crianças porem para fora a criatividade e expandí-la, sempre ouvíamos isso, muito mais que agora. As crianças trabalhavam basicamente só com sucata. A criançada gostava de brincar com sucata. Não havia material técnico. Se percebíamos que faltava algum material necessário para as aulas, nos reuníamos, dividíamos as despesas e comprávamos. Pois, nós ficávamos esperando as crianças nas aulas, no terraço da escola.

Apesar de não haver oficinas para as mães, havia uma união grande entre nós, porque cada uma vinha com uma coisa para passar o tempo. Um bordado, um gobelino, etc e a vizinha ao lado nunca ficou sem aprender.

Tinha uma mãe que não sabia fazer nada e saiu pintando guardanapo. Depois de um tempo ela fez uma exposição de telas, fez crochê, etc.

(...) Foi dessa forma que as mães foram entrando na escola. E esse espaço era o espaço de criar, inventar, mais do que um lugar onde nós mães falássemos de nossos problemas com nossas filhas."

Otília De Laquila (mãe)

A primeira diretora

Nossa primeira diretora foi a Profa. Dra. Ana Angélica Albano, a Nana, que assumiu o cargo em junho de 1983.

Até que enfim,
agora estavam
trabalhando juntos.
E porque estavam
juntos, conseguiram
o que sempre
tinham querido:
rodando

mudando,

girando,

virando,
em estrelas
estavam se
transformando.
E era uma vez, três...

Ana Maria Machado

Ana Angélica concluíra o mestrado pelo Instituto de Psicologia da Universidade de São Paulo com a dissertação: O espaço do desenho: a educação do educador. Em seu Memorial de 1998, ela nos conta que esta foi a primeira oportunidade de sistematizar suas experiências com alunos (como professora) e com professores (como coordenadora). Tinha como pergunta inicial: *"se toda criança desenha, por que no adulto o desenhar ficou tão distante, como distantes ficaram as brincadeiras infantis?"*, indagação que surgira a partir da leitura de um texto de Piaget, em 1969.

Arte, psicologia e educação faziam parte de sua formação e de sua atuação profissional.

A primeira coisa que fez ao chegar na escola foi ouvir cada profissional e tentar entender como a escola funcionava.

A escola contava com 18 professores, sendo 13 de música e 5 de expressão.

> "Havia professores com larga experiência no ensino tradicional de piano e flauta, havia jovens atores sem formação acadêmica, alguns recém-saídos de faculdades de educação artística, outros com muitos anos de formação. O que os unia era o interesse em desenvolver um projeto novo e único na Prefeitura, o grande amor que tinham pelo trabalho e a carência de uma liderança que reunisse as atividades individuais num todo coerente" (Albano, 1995:13).

Organizando os dados a nova diretora elaborou um gráfico e pudemos visualizar a ocupação de salas e horários. Pudemos visualizar a escola como um todo.

O que se constatou foi que para as aulas obrigatórias de musicalização e expressão existiam salas com 16 alunos, salas com 5 alunos, aulas de 90 minutos, aulas de 60 minutos. Crianças que vinham um dia para musicalização e outro para expressão, e o trabalho em dupla das professoras Iara Jamra e Silvia Chiapetta.

Como opcionais, a escola oferecia aulas de violoncelo, violão, coral, flauta e piano.

Nos seis primeiros meses, Ana Angélica assistiu aulas, observou e conversou conosco. Discutimos sobre qual seria a melhor ma-

Capítulo 2 – A PESQUISA 65

neira de nos organizarmos: número de alunos por classe, faixa etária por sala e a escolha das duplas de professores já que esta se mostrava a melhor maneira de atendermos nossos alunos. Para as classes de 5/6 anos continuaríamos com um professor que por sua formação pudesse integrar as diferentes linguagens no trabalho com as crianças. Tudo isso com base na realidade de nosso cotidiano e com a possibilidade de definir a escola e seu funcionamento de uma forma geral. A direção se caracterizava como uma interlocutora atenta e presente em nosso dia-a-dia.

A questão do teste foi discutida por todo o grupo e, com o aval dos professores, Nana formalizou a eliminação deste requisito para ingresso na escola.

As reuniões que anteriormente aconteciam sem uma regularidade, passaram a acontecer às quintas-feiras com duração de duas horas, o que se mantém até hoje. E Nana costumava dizer que esta era a única coisa que não estava em discussão.

A pauta era organizada de acordo com a necessidade de cada momento: grupos de estudos, encontros de duplas, laboratório de expressão, palestras, apresentações, exposições, reflexão e avaliação, desenvolvimento de projetos.

As soluções foram aparecendo com os problemas, o espaço foi sendo organizado, as marcas de cada um iam aparecendo.

A procura crescia, o número de alunos aumentava. Na época da matrícula de alunos novos, formavam-se enormes filas, já que o critério, agora, era a ordem de chegada. A escola, pública, era única no gênero em São Paulo.

O corpo docente também crescia com um maior equilíbrio entre o número de professores homens e mulheres e um maior espaço para as demais linguagens que não a música.

"Este trabalho possibilitou a construção da unidade dentro da heterogeneidade e, posteriormente, ampliou-se com a entrada de novos professores, equilibrando a contribuição de todas as linguagens artísticas. Confirmei, assim, como o trabalho expressivo dos alunos se beneficiava deste espaço de criação de seus professores (Albano 1995:14).

Em 1987 foram criadas cinco coordenações: instrumento, musicalização, artes plásticas, teatro e para a faixa etária de 5/6 anos. Os professores-coordenadores tinham duas horas de sua carga horária para exercer a nova função.

Fiquei como coordenadora da área de 5/6 anos.

Anteriormente, em 1986, num dos espaços para projetos, os professores dessa área haviam trabalhado no estudo da faixa etária e um dos frutos dessas discussões, ao longo do ano, foi a criação de uma horta dentro do parque. Ao final do ano montamos um livro com os registros das atividades desenvolvidas por cada professor com suas classes. Assumir a coordenação foi muito gratificante e estimulante.

Havia um incentivo, a partir das reuniões e das observações e conversas com Nana, para que nosso espaço de criação e de expressão se ampliasse. Dentro da escola, com apresentações e espaços de estudo e pesquisa. Fora da escola, com a participação em congressos, seminários e encontros de arte e educação, além de apresentações de alunos.

De encenações com meus colegas na EMIA passei a freqüentar o curso de formação de atores no Teatro do Vento Forte e a cursar pedagogia. Estudava Piaget e Nana sempre contribuía com textos, bibliografia, livros.

Nós, professores, nos sentíamos incentivados a utilizar não só a linguagem na qual tínhamos uma formação específica, mas também descobrir recursos de expressão em outras linguagens.

As reuniões com pais aconteciam duas vezes por ano. No primeiro semestre visavam esclarecer o funcionamento da escola e, no segundo, eram realizadas reuniões com vivências para maior entendimento do trabalho desenvolvido com as crianças. Além disso, havia os espaços para atendimentos individuais de pais com a direção.

A escola nesta época também oferecia aos pais coral e oficinas de dança, teatro e flauta.

Os funcionários, por interesse próprio, também participavam de algumas oficinas, como da oficina de dança do professor Paulo Cesar Brito.

Em 1985 e 1986, os cursos de Formação de Professores, abertos ao público interessado em arte e educação, tinham uma grande procura. Desses cursos saíram alguns professores como a Raquel Coelho e o Júlio Maluf que ainda é professor da escola.

A EMIA cada vez mais se integrava à comunidade e se impunha como espaço de criação e de cultura.

A partir de uma *cara*, de uma marca inicial, foi possível perceber as transformações que aconteciam e as muitas caras que surgiam a cada momento.

Os alunos passaram a ter fichas individuais, com anotações feitas a partir de informações colhidas nas entrevistas, nas reuniões de pais e das observações dos professores.

Os professores passaram a fazer relatórios individuais por aluno e relatórios das atividades do semestre. Faziam ainda projetos por classe, a cada início de período letivo.

"A linguagem deve ser o mais pessoal, poética ou prática, sintética ou esparramada, expressando a singularidade da maneira de trabalhar de cada pessoa, projetando a sua visão da criança e do trabalho. Criar-se, criando" (Albano Moreira, Doc. 3, EMIA, 1984).

A idéia era buscar soluções para os diferentes problemas que surgissem, e com isto transformar e construir o cotidiano, estruturando o trabalho.

Foram criadas as *5as.Artísticas*, evento mensal, no horário de reunião dos professores. As apresentações eram abertas à comunidade de pais e alunos para que pudessem assistir às produções artísticas dos professores. Reviviam os antigos saraus com música, teatro, dança e exposições de artes plásticas.

Como calendário oficial anual, tínhamos a festa junina, a festa de Cosme e Damião e a apresentação de encerramento do ano letivo em teatros da Prefeitura.

De nossas apresentações de encerramento participavam os membros de todos os segmentos da escola: professores, pais, alunos, funcionários.

Houve um cuidado desta direção com a documentação e registro dos trabalhos por meio de textos, fotos, *slides*, audio-visuais e até um filme foi realizado – "O espião sem expressão".

No início de 1987 a escola estava em reforma e, como não era possível reiniciar as aulas, a direção abriu espaço para o desenvolvimento de projetos artísticos pelos professores. O que resultou em um teatro de bonecos, com lindos cenários e trilha sonora feitos pelas professoras de instrumento; um conjunto musical que preparou um *show*, com músicas de professores da escola; um projeto de imagens projetadas e sonoplastia que envolvia professores de plástica e música; e, a preparação e apresentação da peça *Pic Nic no Front* de autoria de Arrabal, com a participação da diretora e da assistente administrativa da escola como atrizes, além de professores de música e plástica.

Artistas como Evandro Carlos Jardim e Tuneu vieram conversar conosco acerca de arte e iniciação artística. Tuneu nos contou sobre seu processo de criação e generosamente nos mostrou seus cadernos de registro, com desenhos, esboços. A pedido dos professores, veio para um trabalho de oficinas.

"A intenção básica do nosso trabalho é propiciar a vivência das diferentes linguagens de expressão à toda a comunidade escolar. Nosso objetivo não é dar nota, diploma, aprovar e reprovar, mas sim, abrir espaço para a livre expressão artística de cada um, favorecendo a criatividade, desinibição e convivência em grupo" (Revista Nova Escola, 1988: 56).

Cada vez mais a EMIA definia um perfil, pela integração das linguagens artísticas, pela integração da equipe entre si e da equipe

Capítulo 2 – A Pesquisa | 69

com pais, alunos e comunidade, o que fortalecia o vínculo com a escola. O conceito de equipe incluía guardas, faxineiras, secretárias, assistentes, direção e professores. O sentido era de verdadeiramente compartilhar a ação pedagógica.

Havia divergências políticas e foram muitas, nem sempre as questões político-administrativas contribuíam e estavam em consonância com nossa ação artístico-pedagógica. Mas o forte compromisso de todos para com o projeto da EMIA permitiu que cada crise fosse superada. Mesmo a exoneração arbitrária de Ana Angélica na administração Jânio Quadros foi resolvida em poucos dias graças à comprovada competência do trabalho desenvolvido e graças à ação de professores, pais e alunos.

O sucesso de nosso trabalho artístico-pedagógico e o fato de nos constituirmos como uma experiência única nos levou a constantes convites e a participações em congressos, simpósios, encontros e eventos relacionados à educação, tanto no interior de São Paulo quanto em outros estados. Participamos do II Simpósio Internacional de História da Arte-Educação, na Fundação Cultural do Estado da Bahia, em Salvador (1986); do Encontro Latino-Americano de Arte e Cultura, em Brasília (1987).

Como profissionais de arte e educação, muitos de nós nos tornamos sócios da Associação de Arte-Educadores do Estado de São Paulo, participamos de movimentos e manifestações para garantir a permanência da obrigatoriedade da área de artes no ensino básico. Participamos do manifesto dos professores de arte-educação no vão do Museu de Arte de São Paulo – MASP. Isto ocorreu em 1988 quando começaram as discussões acerca da nova Lei de Diretrizes e Bases da Educação Nacional.

Entre os depoimentos para o Livro de 10 ANOS da escola, Nana deixou este comentário:

> "A EMIA é uma escola de muitas estéticas e de muitas pedagogias. Mas existe uma pedagogia central que é o respeito do aluno e do professor, mas aquilo que é correto não tem. Os professores foram se apropriando da escola.

A direção é uma situação extremamente solitária. Porque a orientação você compartilha, com os professores. Mas a direção é única. Você só consegue a direção se você consegue a cumplicidade das pessoas. Você precisa mais dessa cumplicidade do que compreensão. E essa coisa de cumplicidade eu aprendi na EMIA.

No lanche que fizemos com as mães, eu senti que tinha se fechado um ciclo, o que eu tinha que contribuir eu já tinha feito. E a minha saída não era uma coisa boa ou ruim. Ela era inevitável. Eu acho que os caminhos que a EMIA vai tomar agora são dessas pessoas que estão lá."

Ana Angélica – Nana, convidada para a Coordenadoria das Unidades de Iniciação Artística, que incluía a Escola Municipal de Bailados, a Escola Municipal de Música e a Escola Municipal de Iniciação Artística, indicou para substituí-la na direção da EMIA a professora e coordenadora da área de instrumento Cléa Galhano.

"Em agosto de 1983 a escola atendia cerca de 200 alunos e, em 1989, quando deixei a direção, trabalhávamos com aproximadamente 700 alunos, com uma equipe de 35 professores" (Albano, 1995: 14).

Cléa Galhano – a EMIA continua a crescer

"Tinham mania de querer ser estrela, sonhar com céu, brilho e luz."

Ana Maria Machado

Cléa é graduada em música pela Faculdade Santa Marcelina, especializou-se em flauta doce e música barroca pelo Conservatório Real de Haia, com bolsa de estudos do governo holandês. Após ter-

Capítulo 2 – A Pesquisa

minar este curso, recebeu da Fundação Fulbright bolsa de mestrado em música antiga no New England Conservatory of Music em Boston. Professora de flauta e musicalização na EMIA desde seu retorno da Holanda, retomou seu cargo ao concluir seu mestrado nos Estados Unidos.

Ao iniciar sua gestão, sua maior preocupação e empenho ligavam-se às questões administrativas. Vivíamos um momento de transição política, sendo necessária a ligação entre a escola e o departamento para expor nossas necessidades a partir das especificidades do trabalho desenvolvido.

No aspecto pedagógico, esta direção buscou pensar um currículo que considerasse a seqüência dos conteúdos das diferentes linguagens ao longo da permanência do aluno na escola e o trabalho nas diferentes faixas etárias, buscando sempre a integração.

Neste período, continuam a ser considerados os objetivos que já vinham sendo propostos desde a gestão anterior e que diziam respeito ao trabalho de iniciação artística na EMIA. O que se visava era que os alunos entendessem a arte como linguagem dentro de uma perspectiva do fazer; que pudessem incorporar este fazer em seu cotidiano por meio de gestos, cores, sons, vivenciando a arte como expressão de individualidade e respeitando as diferentes formas de manifestações artísticas; que fossem curiosos, atentos e abertos a essas manifestações; que conquistassem confiança no próprio trabalho e que respeitassem o trabalho do outro; que, aceitando a diversidade, aprendessem a conviver de forma cooperativa construindo a unidade dentro da diversidade.

Da perspectiva da escola, o objetivo era acolher e possibilitar a expressão do repertório; que as atividades proporcionassem a manipulação dos problemas de linguagem, atingindo o aprofundamento possível a cada faixa etária; que ao final do processo cada aluno pudesse se reconhecer como sujeito que cria, consciente de sua participação no grupo. (Doc. 10, EMIA, 1990).

A educadora e psicopedagoga Clélia Lagazzi Russo Pastorello participou de uma das nossas reuniões no final do segundo semestre de 1989, em que se discutiram questões relacionadas a processos de avaliação, no âmbito da EMIA. Ela iniciou sua fala analisando conosco o que significava estarmos vinculados à Coordenadoria das Unidades de Iniciação Artística do Departamento de Teatros da Secretaria Municipal de Cultura, para depois discutir a avaliação dentro da EMIA. Isto causou alguma polêmica e até surpresa para alguns, pois nosso sucesso nos fazia pensar que constituíamos uma unidade autônoma. A Profa. Dra. Marilena Chauí diante da herança caótica que recebeu ao assumir a Secretaria nos classificou como um oásis dentro daquele órgão, pela qualidade e organização do trabalho.

> "Discutia-se que a escola era mais voltada para o processo do que para o produto. Não havia programação como um conservatório... 10 anos depois na EMIA a idéia e a reflexão, as reuniões de professores, como um momento de discussão, os projetos, a avaliação" (Doc.10, EMIA, 1990).

No aspecto artístico-cultural, esta direção preocupou-se com os eventos criando uma coordenação específica para planejar as atividades artísticas dentro e fora da escola. Passamos a dispor de um cardápio, ou seja, uma programação de apresentações, que podiam ser solicitadas por creches, escolas municipais de educação infantil, bibliotecas, casas de cultura, escolas municipais e estaduais de 1º e 2º graus, sociedades de bairro. Este calendário passou a fazer parte da programação de eventos da Secretaria Municipal de Cultura e incluía apresentações de professores e alunos.

No aspecto comunitário, buscou-se cada vez mais a participação dos pais em festas, apresentações, oficinas e reuniões. Os ex-alunos podiam continuar freqüentando a escola em oficinas oferecidas especialmente para eles.

No sentido mais amplo, o trabalho artístico foi levado aos mais variados espaços e regiões da cidade. No aspecto artístico-pedagógico, tínhamos o Projeto Férias, criado pela Secretaria Municipal de Cultura, para o qual inscrevíamos oficinas e apresentações que acon-

CAPÍTULO 2 – A PESQUISA   73

teciam dentro de escolas ou centros esportivos dos mais diferentes bairros da cidade.

O que antes era feito na escola ou em teatros nas apresentações de final de ano, agora crescia e espalhava-se em todas as direções.

Nós, artistas-professores, fomos tendo cada vez mais oportunidades para divulgar nosso trabalho, tanto no sentido institucional quanto pessoal. Isto gerou o enriquecimento da produção da escola como um todo, o que reverteu também como enriquecimento do projeto pedagógico. Muitos grupos de alunos também participavam dessas apresentações.

Sinto que nesta época pudemos, como cidadãos, conhecer melhor a realidade de nossa cidade, levar nossa experiência e aprender com a diversidade cultural e até mesmo estética de cada região ou bairro.

"Uma iniciativa será central: desmontar uma separação geográfica que opera em São Paulo como estigma social e cultural – a divisão entre o centro e a periferia" (Chauí, Doc. 20, EMIA, 1989/1990).

Em nossas reuniões semanais discutíamos o currículo.

A musicalização, área coordenada por Ana Cristina Rossetto Rocha, organizou um documento denominado "Projeto pedagógico da área de musicalização". Passamos um ano discutindo características das faixas etárias e os conteúdos e as atividades específicas para cada uma delas. Discutíamos a partir de nossa experiência em sala de aula e de textos que os professores traziam.

"Esse projeto iniciado em março de 1992 surgiu da necessidade da área de se organizar, se aprofundar, e buscar uma maior unidade do pensamento, respeitando-se sempre a individualidade do professor, seu projeto pessoal, e a especificidade do trabalho de cada um, tão caras a esta escola. Busca-se uma referência comum a que cada professor, a equipe, a direção e a escola como um todo, possam se reportar, sempre ressaltando que é preciso preservar o equilíbrio entre o trabalho especificamente musical e o trabalho de integração de linguagens.

Essa necessidade de aprofundamento e a consciência dessa necessidade não apareceram na área de musicalização isoladamente. Estão ligadas a um processo que vem envolvendo a escola inteira, e que foi, inclusive explicitado pela Direção, no começo deste ano" (Rossetto Rocha, Doc. 16, EMIA, 1992).

O mesmo trabalho foi feito nas demais áreas. Dessas discussões surgiu a proposta de colocarmos coral em todas as salas de 5/6 anos, o que não permaneceu como projeto, mas se transformou na presença de um professor de musicalização para todas as turmas dessa faixa etária, para um trabalho em dupla com um professor da, então, área de expressão.

Para o estudo opcional de instrumento, para alunos a partir de sete anos, a escola ao final de 1989 oferecia: violão, violino, violoncelo, piano, flauta-doce, flauta transversal e bateria.

Como oficinas coletivas opcionais, a escola oferecia para seus alunos, também a partir de sete anos: dança, teatro, projetos em madeira, desenho, criação de livros, tai-chi-chuan, artes gráficas, criação com agulha e linha, conjunto de câmara, banda musical e coral.

As oficinas para mães, que vinham desde 1984, neste momento ofereciam: desenho, flauta-doce, teatro, dança, tai-chi-chuan e coral.

Fui convidada por Cléa para coordenar o curso de Formação de Professores, no segundo semestre de 1989. Cléa ficou responsável pela oficina de música, a professora Thaia Perez pela oficina de teatro e o professor Rui Siqueira pela oficina de artes plásticas. Nós nos reunimos algumas vezes e era muito bom partilhar nossos saberes, idéias, sonhos. A Cléa, como diretora, participava com toda a simplicidade e naturalidade que lhe são peculiares. Afinal minha posição era especial: coordenar a própria diretora. Mas todo o trabalho foi muito construtivo.

Montamos o curso com 12 horas no total, distribuídas em quatro encontros de três horas, aos sábados. Chamamos o curso de "Expressão artística e educação".

Nosso objetivo foi compartilhar nossa experiência oferecendo um espaço informal de criação, uma oportunidade de um fazer descontraído. E, posterior às vivências, garantir um espaço de reflexão e produção.

Havia entre os participantes um grupo de Mogi-Guaçu que, estimulado pelo trabalho da EMIA, queria criar um espaço semelhante em seu município.

Rui Siqueira organizou um registro sobre este curso, em forma de livro, para que fizesse parte da documentação da escola. Na apresentação colocou que este era um reinício de uma atividade, uma retomada de um espaço que marcou época em 1985 e 1986 (Doc. 9, EMIA, 1989/1991).

As *5as. Artísticas* iniciadas na gestão anterior, pela continuidade, foram ganhando cada vez mais força como espaço cultural tanto com relação à quantidade de público, como com relação à qualidade das apresentações de professores, alunos e artistas convidados.

Além destas apresentações de música e teatro eram realizadas exposições de artes plásticas.

A tarefa era imensa e às vezes parecia que havíamos saído muito para fora e que talvez fosse necessário nos voltarmos para dentro da escola, núcleo central de nossas atividades.

"É necessário que, além de ser uma 'escola criativa', ela seja uma escola que comece a ter melhor infra pra tanta criatividade" (Savella, Doc.16, EMIA, 1992).

"Chegamos ao fim de 92. Muitas coisas mudaram, mas a impressão que me ficou desse tempo todo é de que a essência do nosso pensamento, nosso ideal de trabalho, continua intacto e forte" (Antunes, Doc 16, EMIA, 1992)

O que havia começado como descoberta de nossas possibilidades de expressão, agora se efetivava como produção artístico-pedagógica num universo cultural bastante amplo. E creio que o forte traço de artista e de brilho no palco de Cléa foram fatores que puderam se somar ao momento histórico que vivíamos.

"Tive sempre apoio dos professores e funcionários da escola e devo a eles muito do que aprendi neste tempo. As diferenças de opiniões e idéias para mim não constituíam problema, acredito na diversidade e acho que é necessária. O mundo não existe sem a dialética" (Galhano, entrevista 3)

Em julho de 1992 Cléa foi morar nos Estados Unidos e convidou Ana Cristina Araújo Petersen – professora e coordenadora de Eventos, para substituí-la. A Secretaria aceitou a indicação.

Mais uma vez a escola teve autonomia para escolher uma direção entre os professores.

Com relação a esta possibilidade existiam dois aspectos a ser considerados: a sucessão interna e a continuidade do projeto cultural.

A escolha de Ana Cristina Araújo Petersen

Ana Cristina, Nininha, tinha uma experiência nas áreas de dança contemporânea e artes plásticas, como professora e artista.

O projeto de ação artístico-pedagógica desta direção tinha como objetivo tornar mais claros os papéis e funções internas (coordenadores e assistente artístico), dar mais ênfase à atuação do assistente administrativo, ampliar o horário de funcionamento até parte do período noturno com oficinas para pais e ex-alunos, deixando o horário diurno apenas para as crianças.

Ampliou-se de duas para três horas a carga horária destinada ao trabalho de coordenação, dando-se preferência aos professores mais antigos para que exercessem essa função. Fui indicada para a coorde-

Capítulo 2 – A PESQUISA

nação de eventos, mas o projeto de oferecer um *cardápio* de apresentações só aconteceu até o final do ano. Mais adiante veremos por quê.

Nininha foi a autora da proposta de criação de oficinas para os alunos de 11/12 anos, como uma escolha que deveria significar um aprofundamento na linguagem de preferência de cada um. Ao invés de continuarem com aulas regulares com dois professores, passaram a optar por uma linguagem freqüentando oficinas coordenadas por um professor específico da linguagem escolhida, o que ainda vigora.

Foi também a pessoa que levantou a necessidade de termos um ritual de formatura para marcar a saída dos alunos da escola, o que hoje se constitui em um dos eventos importantes do calendário anual. É uma grande festa com apresentações dos formandos, cerimônia de entrega de certificados, mesa de doces e salgados e discoteca.

Uma mudança muito bem recebida pela comunidade e que foi alvo de notícia em importantes jornais dizia respeito ao *fim das enormes filas* para ingresso de alunos novos.

Essas filas se formavam em frente à EMIA, às vezes por dois dias, para se conseguir uma vaga. Esta direção mudou o critério de ingresso para *sorteio público*, o que se mantém até hoje. Os pais fazem a inscrição de seus filhos e recebem uma senha com número. O sorteio se realiza em dia, horário e local publicados em Diário Oficial.

Em setembro de 1992 o Prof. Dr. Lino de Macedo foi convidado pela direção a nos visitar e proferiu uma palestra em que abordou o tema "Construção simbólica e a aplicação na iniciação artística".

O início desta direção coincidiu com o último semestre de gestão do Partido dos Trabalhadores na Prefeitura. E não houve tempo para realizar todas as mudanças pretendidas.

Ao final do ano os entraves administrativos eram muitos o que gerou, com a mudança de administração, uma impossibilidade de atingir a maioria dos objetivos propostos.

Em abril de 1993, houve o afastamento da diretora, da assistente artística e da assistente administrativa. A equipe de coordenadores também perdeu sua função.

A primeira crise

Começa um período muito polêmico para a escola, marcado pela troca constante de diretores, pela impossibilidade de divulgar o trabalho e de compartilhá-lo com a comunidade da forma como vinha acontecendo anteriormente.

A escola que, até então, sempre havia sido alvo de artigos elogiosos em jornais e revistas passa a ser notícia por ter suas atividades paralisadas pelas condições físicas do prédio, necessitando de uma reforma para a qual houve licitação mas que não foi realizada a tempo para garantir o início das aulas; e pela suspensão das oficinas optativas para pais e ex-alunos.

As mães se mobilizaram e procuraram a Secretaria, onde foram atendidas pela coordenadora das Unidades de Iniciação Artística, Maria Eliza Figueiredo Bologna. Procuraram políticos e a imprensa, preocupadas com o futuro da escola e com a continuidade do projeto artístico-pedagógico. Fizeram ainda reuniões com os professores e com a direção para que nos uníssemos e defendêssemos um projeto em que acreditávamos.

A reforma foi encaminhada e concluída em abril, mas as oficinas para pais e ex-alunos foram suspensas pela Secretaria. Consideraram que este trabalho não estava incluído na carga horária dos professores, mas que poderia ser ministrado desde que fosse aos sábados, como *horas-atividade* sem remuneração.

Neste clima de insatisfação Yara Borges Caznók e Jean Pierre Kaletrianos foram nomeados pela Coordenadoria e assumiram, respectivamente, o cargo de direção e de assistente artístico.

Yara tem bacharelado e licenciatura em letras franco-portuguesas, bacharelado em música com habilitação em piano, especialização em arte-educação pela Escola de Comunicações e Artes da Universidade de São Paulo, e é mestra em Psicologia da Educação pela Pontifícia Universidade Católica.

"Eu fui convidada, exatamente, pela Maria Eliza, para dirigir a escola. Mas eu não a conhecia pessoalmente, assim quer dizer

conhecia de nome a Maria Eliza, nos encontramos pouquíssimo
(...) E quem me indicou para a Maria Eliza foi a Marisa Fonterrada"
(Caznóck, entrevista 5).

A visão da escola para Yara "é de uma batalha entre talentos e
intenções, desejos e essa coisa de impossibilidade que frustra muito."
(Caznóck, entrevista. 5).

Uma das impossibilidades apontadas estava ligada ao número limitado de crianças que podíamos atender diante da grande
procura, uma vez que a escola era, e ainda é, a única do gênero no
município.

Mas, mesmo diante das "impossibilidades", conta ela, o forte
vínculo de todos, "um desejo muito grande das coisas acontecerem",
foi o que pareceu sustentar o trabalho e fazer com que as coisas
caminhassem apesar das circunstâncias.

"Um empenho, inclusive das próprias faxineiras, que eu achei
uma coisa que eu nunca vi igual, dos porteiros..." (Caznóck,
entrevista 5).

As limitações diziam respeito: ao espaço físico restrito à casa 3,
com uma maioria de salas pequenas para o número de alunos por
classe; à falta de recursos materiais como bancos em número insufi-
ciente para atender ao número de alunos por período; falta de mesas,
instrumentos, baquetas, pincéis, etc.

Para ela o sentido de batalha estava também ligado à demora
com que as coisas aconteciam, mesmo com o apoio da Secretaria.

O vínculo dos pais e dos alunos com a escola fazia com que o
trabalho continuasse. As dificuldades geravam um empenho em manter
a escola, em lutar pela EMIA.

A direção contou com verba para chamar profissionais para as
reuniões pedagógicas às 5as feiras. Tivemos como palestrantes o
Prof. Dr. Celso Favaretto, o Prof. Dr. José Miguel Wisnik e o Prof.
Dr. Luís Claudio Figueiredo.

A boa vontade de todos e a qualidade do trabalho dos professores, a adesão da comunidade, que num primeiro momento resistiu à imposição de uma direção, parece que foram a força para que esta gestão chegasse ao final do ano, quando Yara Caznók saiu da EMIA para ser professora da Unesp, cargo para o qual foi aprovada por concurso.

De Assistente Artístico Jean Pierre Kaletrianos passou para a Direção dando continuidade à discussão com relação às duas grandes áreas em que se dividia a escola: MÚSICA E EXPRESSÃO. Tanto para a Yara quanto para ele o termo Expressão, que incluía artes plásticas, dança e teatro, contrariava a integração de linguagens a que a escola se propunha.

"Então já que fazemos teatro mesmo, dança mesmo e artes plásticas mesmo temos que garantir a especificidade de cada linguagem com professores específicos a partir dos oito anos" (Caznóck, entrevista 5).

Foi nessa época que passamos a ter os quartetos – quatro professores (música, teatro, dança e artes plásticas) para dois grupos de alunos. Aumentou-se assim a carga horária dos alunos na escola e "dividiu-se em partes iguais as linguagens, porque tinha esses embates sobre a supremacia das linguagens" (Kaletrianos, entrevista 6).

A comunidade continuava solicitando que se retomasse oficialmente o trabalho com ex-alunos, ou seja, que os alunos que saíam da escola no ano em que completavam 13 anos pudessem freqüentá-la até os 16 anos em oficinas optativas.

Essa solicitação foi encaminhada ao doutor José Carlos Benedito, Diretor do Departamento de Teatros.

Havia ainda o problema do espaço físico e da difícil localização de informações quanto à possibilidade de se assumir as outras duas casas ocupadas pela Cinemateca, que estava se mudando.

A diversidade de formas de contratação de professores gerava também muita instabilidade. Os professores contratados com verba de

CAPÍTULO 2 – A PESQUISA   83

terceiros (contratos temporários) eram constantemente ameaçados de serem cortados. Os professores com H-40 (dedicação exclusiva), que estavam em desvio de função, nunca sabiam que carga horária deveriam cumprir, uma vez que a carga horária da escola era menor.

Havia uma rotatividade de profissionais entrando e saindo da escola, não se tinha segurança quanto à continuidade do projeto artístico-pedagógico, pelas constantes ameaças de corte. Como organizar um quadro de horários que atendesse as necessidades da escola, sem saber com que professores contar, e qual seria a carga horária?

Deste momento em diante todas as conquistas anteriores e a experiência dos professores que haviam participado da construção da escola foram muito importantes para dar continuidade à EMIA. Estávamos num espaço cultural que não podia se expandir, se mostrar, o que era muito difícil, sufocante mesmo.

Nossa agenda mantinha os eventos regulares: festa junina e apresentações de final de ano.

Conta Jean Pierre que, como diretor, na verdade não tinha autonomia para tomar decisões, para deliberar, o que dificultava seu relacionamento com o corpo docente. Paramos de discutir o pedagógico em função de tantas emergências administrativas.

Considerava a falta de um Estatuto uma dificuldade para todos. Pedagogicamente, continuava havendo uma liberdade de trabalho que permitia que as coisas caminhassem, mas as condições eram tão adversas que essa liberdade era relativa. Cheguei a trocar de dupla três vezes num ano. As pessoas entravam sem nem mesmo conhecer a escola e já eram postas em sala de aula. Insatisfeitas com as condições de contratação, acabavam saindo.

Entretanto, alguns profissionais que entraram nessa época se identificaram com o projeto e permanecem até hoje, como as professoras Ana Tatit e Flávia Ferraz, apesar da precariedade dos contratos.

A direção parecia muito distante dos professores e quando o professor Hélio Braga passou a ser assistente artístico houve alguma abertura, alguma possibilidade de melhor entendimento.

Em 1994 fui convidada para coordenar um curso para Formação de Professores que atendeu as alunas de Magistério da Escola Estadual de 1º e 2º Graus Caetano de Campos. Foram cinco encontros de três horas, aos sábados pela manhã, de 06 de agosto a 03 de setembro. Para formar a equipe convidei as professoras Isa Poncet – música, Thelma Antas Penteado – movimento corporal, os professores Paulo Cesar Brito – teatro e Rui Siqueira – artes plásticas. O nome do curso permaneceu o mesmo criado em 1989: "Expressão Artística e Educação". Nossos objetivos: complementar a formação dos futuros educadores através do curso e estágio; abrir um espaço de troca a partir do trabalho como construído e vivido pela EMIA; dar oportunidade de vivências nas diferentes linguagens de forma que pudessem integrá-las em sua prática docente, visando a interdisplinaridade (Oliveira, Doc. 22, EMIA, 1994).

Tudo teve que passar pela aprovação da Coordenadoria por meio de memorandos e, depois de muita burocracia, o curso aconteceu. Concluído o trabalho, tivemos que provar por meio de relatórios, de declaração assinada pela diretora do Caetano de Campos, etc., que o curso havia sido realizado.

Parece que também a Coordenadoria estava sem autonomia e buscava respaldo na documentação.

Para nós cinco foi como uma ilha, houve um entusiasmo pelo trabalho, estávamos podendo fazer algo que ia além da rotina de sala de aula. Nossa união construída pela cumplicidade no trabalho ao longo dos anos mantinha-se forte. E isto foi observado e comentado pelas alunas participantes. Elas mostravam a cada encontro um maior envolvimento conosco e entre elas. Ao final do curso nos entregaram um lindo presente, uma folha com um registro de cada uma delas sob o título *"EMIA para mim é"*:

"Uma escola diferente."

"Descoberta de mim mesma e de outras pessoas que me cercam."

Capítulo 2 – A Pesquisa

"Valorização da participação de todos. Respeito, responsabilidade e liberdade."

"Arte com amor. Liberdade de expressão."

"Descoberta de que podemos trabalhar com materiais simples conteúdos fortes."

Quanto à postura pedagógica, o informativo sobre a escola distribuído aos pais no início do ano de 1994, com texto elaborado pela Yara, colocava os seguintes princípios do trabalho da EMIA:

"Formar o pensamento artístico da criança inclui não só a vivência e a livre experimentação dos elementos constituintes de cada uma das linguagens artísticas, mas sobretudo a conscientização das relações desses elementos com as dimensões afetivo-cognitivas do indivíduo e deste com a sociedade e com a história.

Pressupõe, portanto, o contato constante com o material artístico, pois, ali se instalam a ação e a produção, situações estas indispensáveis ao nascimento do questionamento e da reflexão.

Num processo interminável de idas e vindas da prática (ação) para a fundamentação (reflexão) pretende-se que a criança adquira, além da habilidade e da competência técnica, a segurança de suas potencialidades cognitivas e criativas. Cuidando para que o aluno ao longo dos anos construa e desenvolva seu caminho pessoal, a EMIA propõe situações de aprendizagem baseadas nos seguintes tópicos: o fazer artístico, a criatividade e a expressão, o conhecimento histórico, o senso estético e crítico."

Instrumentos oferecidos em 1995: piano, flauta doce, cavaquinho, violão, bateria, violino, teclado e saxofone.

As questões administrativas em função da postura da Secretaria não deixavam que o diretor fosse um agente de soluções. "Talvez ele tenha que ter um caráter mais de assistente artístico-pedagógico" (Kaletrianos, entrevista 6).

Se partires um dia rumo a Ítaca ...

Jean Pierre nasceu na Grécia, estudou música em Atenas e musicologia em Paris, na Sorbonne. No Brasil, formou-se em artes cênicas pelo Teatro-Escola Macunaíma e desenvolveu pesquisa teatral no Núcleo Interdisciplinar de Pesquisas na Unicamp. Sem dúvida sua contribuição foi para o fortalecimento da área de teatro e da área de dança. A implantação do quarteto, proposto pela direção anterior, foi outra contribuição importante, tanto que o projeto que relato nesta dissertação é fruto de um trabalho desenvolvido por um quarteto.

Para Jean Pierre a idéia de uma imagem da EMIA, ao deixá-la, era de "bagunça". Mas uma bagunça viva, e uma bagunça que não prometia arrumar-se logo, mas continuar vivendo e assimilando, ou não, mas vivendo as contradições como uma coisa conhecida e que não atemorizava a escola.

O poema Ítaca de Konstandinos Kaváfis com tradução de José Paulo Paes foi trazido em uma das últimas reuniões por Jean Pierre. Confesso que, apesar de gostar do texto, não havia entendido bem o sentido naquele momento. Mas fiquei com aquela impressão na memória. O que significaria?

> "A minha saída aconteceu, não foi forçada para acontecer. Como diz Rilke: 'A vida tem sempre razão em todos os casos, é só deixar acontecer'" (Kaletrianos, entrevista 6).

A educadora Clélia Pastorello havia nos alertado já em 1989 quanto ao fato de sermos uma escola pública. Os tempos mudaram e tivemos que nos organizar frente à nova realidade. A estrela já não era mais nossa marca. Em 1994, nos mobilizamos e a Associação de Professores da EMIA – APEMIA passou a existir. Em 1995, os pais e ex-alunos fundaram a APEAEMIA. Liderados pela professora Kyoko Harakava passamos a discutir o projeto para elaboração do Regimento Interno. Precisávamos nos fazer representar para sermos ouvidos, de forma oficializada, para podermos lutar pelo que acreditávamos: o projeto artístico-pedagógico da EMIA.

No início de 1995 um novo diretor assumiu o cargo, durante as férias dos professores. Para ele a necessidade maior da escola era ter um projeto que garantisse o trabalho independentemente de quem assumisse a direção. Era alguém que vinha com uma experiência pedagógica no trabalho com crianças e que tinha um fazer artístico como escritor e pintor. Para nossa surpresa, na primeira e única reunião com os professores ele trouxe o texto Ítaca:

Se partires um dia rumo a Ítaca,
faz votos de que o caminho seja longo,
repleto de aventuras, repleto de saber.
Nem lestrigões, nem cíclopes
nem o colérico Posídon te intimidem;
Eles no teu caminho jamais encontrarás
se altivo for teu pensamento, se sutil
emoção teu corpo e teu espírito tocar.
Nem lestrigões, nem cíclopes
nem o bravo Posídon hás de ver,
se tu mesmo não os levares dentro da alma,
se tua alma não os opuser diante de ti. (...)

Seria uma mensagem de luta e esperança através do mito de Ulisses? Que mistérios os mitos nos trazem?

Pela postura da Secretaria, pareceu sentir-se fragilizado quanto às decisões que dependiam de um bom contato para que as coisas se agilizassem. O estado físico da escola era muito precário. Deixou o cargo três meses depois, acreditando que, sem apoio superior, ele e os professores pouco poderiam fazer.

A escola ficou sem direção por um período até que a Assistente Administrativa – Wanda Saracho, assumiu o cargo, a convite do então Diretor do Departamento.

"Bom, eu tive as coordenadoras, porque eu sou só da parte administrativa, eu não entendia nada da parte artística. E o que eu via era nas aulas e eu não participava nem das reuniões. Eu gosto da escola, tanto que minhas filhas estudam lá. Eu acho que o pessoal se esforça muito para fazer um trabalho legal. Na área administrativa o que tinha eram os problemas de burocracia dentro do Departamento de Teatros, que emperravam tudo que se queria fazer por causa de verba. A verba que tinha para a escola era pouca e mesmo assim não havia muito interesse do Departamento pela escola.

O pessoal do Departamento estava acostumado com os teatros e não entendia as necessidades de uma escola com 600 alunos. Eles não tinham a vivência da escola. Então era sempre assim, estar sempre brigando. Isso quando não vinham as bombas da carga horária, daí não tinha jeito. Isso foi em 1995" (Saracho, entrevista 8).

O quadro de horários precisava ser feito mas não se sabia se a carga horária dos professores seria de 12 ou 18 horas. Se, em função disso, seria possível contratar as áreas que ficassem descobertas, ou o que fazer caso sobrassem horários para os professores de uma determinada área.

"Fiquei até fevereiro de 1996, quando veio o Dr. José Carlos Benedito. Depois que ele saiu, eu voltei.

Da segunda vez foi bem mais fácil porque o Dr. José Carlos começou a valorizar bastante o trabalho da escola. E para mim, da segunda vez que eu fiquei na direção foi mais fácil" (Saracho, entrevista 8).

Dr. José Carlos Benedito dirigiu a escola de abril a julho de 1996. Depois, como Diretor do Departamento de Teatros, passou a atender diretamente nossa direção, tomando as providências necessárias para o andamento das atividades da escola de acordo com as seguintes metas: retomar as duas casas ocupadas pela Cinemateca para o projeto de ampliação; oficializar o trabalho com ex-alunos por meio de Portaria; retomar e ampliar o espaço cultural da escola com apresentações aos sábados (o que dependia da aprovação de verbas para cachês); abrir novos espaços para levar a produção artística de professores e alunos (Hospital Menino Jesus, Lar Golda Meir, Hospital do Servidor Público Municipal); intensificar a participação dos alunos em eventos externos. Todas estas metas foram cumpridas.

Dr. José Carlos conta que assumiu o cargo de direção por ter um vínculo afetivo com a escola, pois acompanhou a gestação de sua criação desde o final dos anos 70, quando era "apenas uma idéia". Para ele, conviver no dia-a-dia com alunos e professores fez com que se sensibilizasse com a natureza do trabalho com as crianças, com a responsabilidade e os cuidados redobrados que se deve ter em relação a critérios de contratação de profissionais que venham a compor o corpo docente.

O trabalho pedagógico estava nas mãos dos coordenadores que agora tinham cinco horas de carga horária para exercer a coordenação. Além da constante troca de diretores, havíamos perdido o cargo de assistente artístico.

A equipe eleita pelo corpo docente no final do ano de 1995 era composta das seguintes professoras: Kyoko Harakava – que auxiliava a coordenadora da área de instrumento com relação à distribuição de vagas para aulas individuais, Cecília Lúcia Tuccori – coordenadora de instrumento, Maria Thereza P. de Freitas – teatro e movimento, Maria Silvia M. Machado – artes plásticas e Ana Cristina Rossetto Rocha – musicalização.

Foi pedida uma assessoria para auxiliá-las. O pedido foi aprovado e a educadora Clélia Lagazzi Russo Pastorello foi escolhida para o trabalho. A partir do segundo semestre de 1996, reuniam-se em encontros quinzenais de duas horas. Em fevereiro do ano seguinte, Clélia veio à escola para um trabalho de reflexão com os professores. Este trabalho visava discutir a prática educativa no contexto institucional da escola: 1) repensando atividades, sua organização e as áreas de conhecimento como fonte de conteúdos, procedimentos e avaliação; 2) considerando a importância da fundamentação teórica como norteadora daquele que orienta e conduz o trabalho pedagógico do projeto.

A retomada da discussão do projeto pedagógico da escola, a possibilidade de comunicar nosso trabalho e a volta de um diretor saído do corpo docente deram à equipe novas perspectivas.

Rui Fernando Gonçalves Siqueira assumiu o cargo em outubro de 1996. Ele havia entrado para a escola, como professor, em 1986, exercendo também as funções de coordenador da Área de Artes Plásticas e Assistente Artístico. Artista plástico, tem formação em Educação Artística pela Fundação Armando Álvares Penteado – FAAP e é mestrando pela ECA-USP. Além de desenvolver trabalhos artísticos ligados à técnica de gravura em metal, pintura e escultura, atuou como cenógrafo e figurinista de montagens teatrais.

Houve neste período uma preocupação de buscar a união das três direções das escolas ligadas à Coordenadoria (Escola Municipal de Bailado, Escola Municipal de Música e Escola Municipal de Iniciação Artística), a fim de garantir o fortalecimento das mesmas com o levantamento de questões comuns e a realização de eventos em conjunto.

Um dos resultados desta parceria foi o Espetáculo de Integração das Escolas de Arte, realizado no Teatro Paulo Eiró nos dias 26, 27 e 29 de junho de 1997.

Outras duas fortes parcerias foram retomadas com os pais e com os ex-alunos, que podiam novamente participar das oficinas opcionais até os 16 anos.

A ampliação do espaço de divulgação procurou firmar-se com as apresentações dos sábados, às 10 horas, EMIA PULSA e, às 16 horas, EMIA CRIA.

Contatos com o Centro Cultural São Paulo, situado na Rua Vergueiro, junto a uma estação do metrô, permitiram a utilização dos teatros para apresentações e do saguão de entrada para exposições.

O acesso por metrô e o grande público que circula por aquele espaço cultural nos trouxeram um ganho para a divulgação do trabalho, facilitando ainda a presença de nossos alunos e de suas famílias. Lá foi realizada a festa de 18 anos da EMIA e o lançamento do CD gravado pela escola para registrar a produção musical das crianças com o apoio da associação de pais e ex-alunos e da associação de professores.

Iniciamos a pesquisa para a elaboração de um livro sobre a escola. Minha primeira parceria foi com a professora Maria Berenice S. de Almeida. Maria Berenice assumiu a coordenação de musicalização, a professora Cecília Lúcia Tuccori passou a substituí-la na pesquisa e elaboração do texto.

A experiência administrativa ajudando a reorganizar a escola

Miriam de Oliveira Mazzei está na Prefeitura desde 1980, onde já ingressou para o Departamento de Teatros da Secretaria Municipal de Cultura. Sua formação é em jornalismo pela Fundação Casper Líbero e em história pela USP.

Assumiu vários cargos administrativos. Foi Assistente Técnica do Departamento de Teatros, coordenou o Balé da Cidade, foi Diretora Administrativa do Departamento de Teatros, coordenou a Orquestra Experimental de Repertório, coordenou os Corpos Estáveis do Theatro Municipal de São Paulo.

Como diretora da EMIA foi responsável pela ocupação das três casas. Com a participação da Associação de Pais comprou material e uma equipe da Prefeitura realizou reparos e a pintura dos imóveis. Com sua experiência administrativa Miriam reorganizou a secretaria da escola, as coordenações foram oficializadas com carga horária de 18 horas. Conseguimos finalmente ter o regimento da escola e, em dezembro de 2000, foi concluído o Projeto Curricular.

Este projeto foi amplamente discutido pelos professores de cada área, o material para discussão foi tirado dos documentos existentes, baseou-se na prática dos professores que estão na escola hoje (seus projetos e avaliações), utilizou bibliografia trazida pelos professores e pelas coordenações. Esse material foi organizado pelos coordenadores. A coordenação e a organização final do projeto foram realizadas pela direção e pela assistente artística Eunice Garcia Corrêa, que é pedagoga.

O projeto do livro está em andamento e já tem Carta de Crédito da Lei Rouanet para buscar patrocínio para a edição.

No texto de apresentação do livro 20 ANOS da EMIA, Miriam escreve:

"mais que uma escola de artes para crianças, é uma escola de vida, onde os alunos aprendem não só as diversas modalidades de artes ensinadas por profissionais da mais alta competência, como aprendem também a se socializarem e antes de tudo, interagirem no espaço artístico/cultural. Essa interação vem da metodologia adotada pela EMIA, na qual as crianças transitam pelas quatro linguagens artísticas (música, artes plásticas, dança e teatro) integrando-as ao processo de criação e enriquecendo o seu cotidiano.

Numa sociedade na qual nos deparamos diariamente com as inúmeras formas de competições, esse tipo de aprendizagem contribui, em muito, para que a criança venha a enfrentar os desafios a ela apresentados, com desembaraço, equilíbrio e maturidade."

O Boletim Informativo 2000 foi entregue aos pais no início do ano, para orientá-los quanto ao funcionamento da escola, recursos e espaços pedagógicos, avisos relativos ao ano letivo, recomendações, equipe técnica, equipe de coordenadores, estrutura curricular, currículo complementar, normas, atividades com pais. Coloca como projeto educativo e artístico:

Capítulo 2 – A PESQUISA

"O projeto educativo e artístico da EMIA propõe a formação global do educando favorecendo o desenvolvimento de suas potencialidades frente aos desafios que vai enfrentar na sua vida pessoal e profissional.

Cuidando para que o educando, ao longo dos anos, construa e desenvolva seu caminho pessoal, a EMIA propõe situações de aprendizagem baseadas nos seguintes tópicos:

- **Fazer artístico**: experimentação das estruturas e da especificidade de cada uma das linguagens artísticas, familiaridade com o material artístico, compreensão de seus usos e suas transformações.

- **Criatividade e expressão**: busca o reconhecimento do estilo pessoal através da imaginação, intuição, raciocínio, espontaneidade, observação, memória, disciplina, afetividade, construtividade/destrutividade, desembaraço, organização e cognição, entre outros.

- **Conhecimento histórico**: estudo das diversas fases da história da produção artística do homem e de suas transformações sócio-culturais, comparação entre culturas, introdução aos conceitos de tradição, ruptura e contemporaneidade.

- **Senso estético e crítico**: a apreciação e avaliação de obras de diferentes culturas e períodos, incluindo a produção do próprio educando; prática de análise dos elementos que constituem a obra de arte" (Doc. 41, EMIA, 2000).

Uma atriz e educadora na direção

Thaia Perez iniciou suas atividades teatrais em 1963. Em 1970 concluiu o curso de interpretação pelo Conservatório Nacional de Teatro do Rio de Janeiro e passou a atuar profissionalmente. Como atriz, recebeu os prêmios Governador do Estado e Apetesp – Associação dos Produtores de Espetáculos Teatrais do Estado de São Paulo. Teve ainda duas indicações para o prêmio Mambembe. Trabalhou também em televisão. Nos últimos anos, vem se dedicando à direção teatral.

Em 1968, na Escolinha de Arte do Brasil, no Rio de Janeiro, começou sua formação e vida profissional em educação.

Trabalhou como professora nos cursos do Teatro do Ventoforte, na Faculdade de Artes Santa Marcelina em São Paulo, na Faculdade Dulcina de Morais em Brasília, no CPT – Centro de Pesquisas em Teatro no Sesc Consolação em São Paulo. Foi professora da EMIA durante dez anos, tendo exercido também as funções de coordenadora e educadora corporal.

Participou como professora visitante do Curso de Arte e Tecnologia da Frideswide Middle School em Oxford, Inglaterra.

Foi diretora da EMIA de abril de 2001 a março de 2005.

Para Thaia o repertório de experiências artísticas e culturais que a escola oferece é importante para a formação integral dos alunos que tendem a se tornarem crianças, jovens e adultos diferenciados. Frisa que não temos o compromisso de formar artistas, embora alguns façam opção pela carreira artística, mas que a bagagem de experiências, de aprendizado nas artes possa transformá-los em cidadãos, em adultos sensíveis, criativos e mais tolerantes diante da diversidade e da diferença, com uma percepção de mundo diferenciada e rica. Para que possam, a partir de um espaço de criação, ser agentes de um modo de vida que inclui um sonho, uma ideologia e uma ação que traz em si o germe da mudança, por ser pessoal, única e intransferível. Para que possam enfrentar os desafios de uma sociedade cada vez mais complexa como a nossa e estar melhor aparelhados para usufruírem dos bens culturais colocados a sua disposição.

Os dados a seguir constam do Relatório Geral do ano de 2004 e Balanço de Gestão elaborados por Thaia.

Isto implica na valorização do olhar do professor, da observação e do registro.

A educadora Madalena Freire esteve por duas vezes com toda a equipe, no primeiro semestre de 2002, para uma reflexão acerca destas questões.

Estiveram ainda conosco Ana Angélica Medeiros Albano, Edmir Perrotti e Clélia Lagazzi Russo Pastorello.

Além destes contatos enriquecedores, a escola participou do Circuito Cultural da Secretaria Municipal de Cultura, levando sua produção artística e promovendo oficinas em centros esportivos, casas de cultura e bibliotecas.

Buscando ainda ampliar sua atuação junto à comunidade, a escola organizou cursos para professores da rede municipal de ensino e realizou o 1º Encontro Arte, Educação e Cidadania na Biblioteca Pública Mário de Andrade, nos dias 28 e 29 de setembro de 2002, cujo número de inscrições extrapolou as vagas oferecidas, tendo entregue 276 certificados de presença.

Em 2002 uma pesquisa interna apontou a existência de alunos provenientes de 128 diferentes bairros de São Paulo, além de crianças e jovens de municípios vizinhos como Diadema.

Nesse período a escola já contava com 810 alunos regularmente matriculados e ofereceu 370 vagas em oficinas, semestrais ou anuais, para alunos, ex-alunos, pais e comunidade.

Ao final de 2004 eram 1.256 alunos sendo 930 a quantidade de alunos matriculados no curso de iniciação artística.

Ações administrativas como a reforma parcial das casas 1 e 3, entre e maio e julho de 2004, com recursos do Departamento de Teatro e a reforma geral da casa 2, obtida por doação e supervisionada pelo Setor de Zeladoria e Manutenção do Departamento de Teatro disponibilizaram novos espaços, possibilitando uma melhoria das condições de trabalho e o aumento do número de alunos atendidos.

Durante o período de reformas foi proposto ao corpo docente o projeto "EMIA 25 ANOS – Memória Viva", que consistiu de relatos e de trabalhos de pesquisa, recuperação, classificação e organização do material existente nos arquivos da escola, assim como sua atualização.

A escola recebeu materiais e equipamentos como doações dos "Amigos da EMIA".

Também em 2004 a Orquestra e o Coral da EMIA gravaram, em estúdio, graças a iniciativa do regente da orquestra Geraldo Olivieri e assistentes – Claudia Freixedas, Julio Giudice Maluf, Nado Garcia, e da regente do Coral Maru Ohtani com recursos financeiros dos pais dos integrantes da Orquestra e do Coral, com apoio da APEAEMIA, visando a posterior produção de um CD. A dedicação incansável e carinhosa das mães Maria Valdete Alves da Cunha e Valderez Iegoroff foi decisiva para a realização do projeto.

O público que participou dos eventos do Espaço Cultural, mesmo considerando os meses de reforma, somou 2.624 pessoas.

A atual direção

Márcia Soares Andrade entrou para o serviço público municipal em 1974, contratada para trabalhar no Gabinete do Prefeito. Em 1975 foi convidada pela Secretaria Municipal de Cultura para auxiliar o Maestro Roberto Schorrenberg, então assessor cultural do Teatro Municipal de São Paulo. Com a mudança de prefeito passou a secretariar Claudia Toni que era coordenadora dos Corpos Estáveis. Segundo ela "(...) foi um período muito rico tanto em aprendizagem musical quanto administrativa".

Durante este período Márcia graduou-se em Licenciatura em Educação Artística pelas Faculdades Integradas Alcântara Machado – FIAM e bacharelou-se em Artes Plásticas pela Fundação Armando Álvares Penteado – FAAP. Já formada, buscou na Prefeitura um local onde atuar em sua área de formação.

Participou por cinco anos do TIBBIM – Teatro Infantil de Bibliotecas Infanto-Juvenis, como atriz e arte-educadora, criando ainda personagens e bonecos.

Em 1983 passou a fazer parte da equipe que se formava para o Festival de Inverno de Campos de Jordão, na Secretaria de Estado da Cultura, onde permaneceu por 2 anos.

CAPÍTULO 2 – A PESQUISA

Voltando a Secretaria Municipal de Cultura trabalhou no Projeto Periferia na área de Fotografia e no Projeto Cultural na Cidade – PCC, no Setor de Programação Visual. O PCC foi extinto em 1987 quando veio trabalhar como professora na EMIA.

"Estive em sala de aula por 16 anos na EMIA. Havia uma insatisfação com as gestões anteriores devido a política municipal que não dirigia seus olhos para as necessidades do corpo docente, nem tão pouco para dar melhor suporte ao funcionamento da escola. Preocupados com a questão, a Associação de Professores decidiu me indicar como diretora" (Andrade, depoimento 3).

Segundo ela, o fato de conhecer a escola e ter experiência administrativa contou para sua indicação que "com o endosso da Associação de Pais e Ex-Alunos" foi encaminhada para o Secretário de Cultura.

Como já existia uma indicação para a direção da escola Márcia foi convidada para assumir o cargo de assistente artístico. Houve uma mudança política e em junho de 2005 assumiu o cargo de diretora.

Em relação aos objetivos desta direção:

"A primeira problemática da direção na minha visão era a insatisfação dos professores com a política municipal não voltada ao atendimento das necessidades da EMIA e também com a desunião imperativa que existia entre a categoria professoral. O desafio era fazer com que os professores fossem mais felizes, trazer mais amor à escola. Esta foi uma de minhas propostas quando assumi a direção em 2005. Tinha a forte convicção que o amor era realmente o que nos faltava para que as coisas dessem certo, tomassem melhor rumo e unisse nossa equipe em torno do grande trabalho da EMIA, que julgo muito especial – o de ensinar as artes às crianças, objetivando a formação, não de artistas puramente, mas de melhores futuros cidadãos. Sei que conseguimos vencer mais este obstáculo, pois todos nós estamos hoje unidos em torno do mesmo ideal, que é o especial objetivo de nossa escola: a formação do cidadão mais bem capacitado para enfrentar a vida, quer seja na convivência social, na busca de emprego ou em outros momentos em que a bagagem cultural faz toda a diferença" (Andrade, depoimento 3).

O CD *Fazendo Arte*, gravado em 2004 pela nossa Orquestra Infanto-juvenil e pelo Coral , foi lançado em 2005 em comemoração aos 25 anos da EMIA.

Mas, passemos agora para o relato da "história" do Projeto Axioma 7, como recorte de nossa rica e diversificada produção artística-pedagógica.

3
PROJETO AXIOMA 7

"O projeto Axioma 7 foi projetado quando a turma da EMIA foi ao Balé da Cidade. Nesse dia nós nos interessamos no projeto Axioma 7. Passaram-se alguns dias e na quinta-feira nós tivemos a idéia de fazer um projeto que foi se desenvolvendo. Nós ensaiamos muitos dias, muitos dias."

Luca (10 anos)

O encontro com o Balé da Cidade de São Paulo

No dia 10 de junho de 1999 fomos visitar a sede do Corpo de Baile Municipal/Balé da Cidade de São Paulo. Fomos recebidos pelo Diretor Artístico Assistente, Hugo Travers.

Assistimos às aulas de balé clássico e moderno, e também ao ensaio do balé Axioma 7 que seria apresentado no Teatro Municipal, no final de semana seguinte.

As crianças ficaram muito impressionadas com o preparo físico do corpo de baile que durante duas horas havia realizado exercícios e seqüências de passos com extrema concentração e dedicação.

Durante o intervalo, entre as aulas e o ensaio, ocuparam o tablado antes ocupado pelos bailarinos. Buscavam imitar os passos e, principalmente, os grandes saltos que haviam observado. Faziam tudo demonstrando muito empenho.

Os integrantes do balé ficaram assistindo e foram conversar com as crianças que faziam perguntas sobre como conseguir força e leveza ao mesmo tempo pois, para elas, os bailarinos pareciam *voar*, o que, apesar de todo empenho e entusiasmo, perceberam não ser fácil conseguir.

"A escola também tem passeio, nesse ano já tivemos dois passeios. O passeio foi legal. Quando chegamos lá eles estavam em aula.

As danças eram bonitas. A música era tocada no piano e algumas no rádio.

Nós ficamos lá sentados mais ou menos três horas (eu cansei de tanto estar sentada)."

Cristiana (11 anos)

"Aprendemos que o balé não é só para mulheres, e sim para homens e mulheres."

Felipe (10 anos)

O Corpo de Baile Municipal foi criado em 1968 para atender às necessidades do teatro lírico. Em 1974, Antonio Carlos Cardoso pensou na formação de um grupo de dança que acompanhasse as idéias mais atuais, nascendo então o Balé da Cidade de São Paulo.

O balé Axioma 7 é de autoria do coreógrafo israelense Ohad Naharian, diretor e coreógrafo principal da Batsheva Dance Company, a companhia oficial de dança de Telaviv, Israel. Foi incorporado ao repertório do Balé da Cidade de São Paulo em 1996.

Coreografado sobre a música de Bach, "é um balé que demonstra toda transgressão do balé clássico moderno que este famoso coreógrafo imprimiu em seus trabalhos", nos informou Hugo Travers.

Capítulo 3 – PROJETO AXIOMA 7

Ainda segundo Travers o coreógrafo retoma a *brincadeira* das cadeiras para de uma certa forma brincar com a música de Bach, considerando diferentes situações de um cotidiano.

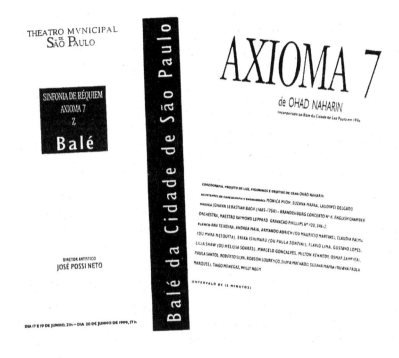

O nosso projeto Axioma 7

"O Axioma começou numa dança de balé. Nós começamos a ficar interessados e aí que a gente bolou a idéia de fazer um teatro."

Jaque (10 anos)

Assistir a um espetáculo nem sempre nos dá a dimensão do trabalho, do empenho necessários para a sua realização.

Pudemos perceber o quanto foi uma novidade para as crianças descobrir que o profissional de balé pode ser homem ou mulher; que a rotina de um bailarino exige muito esforço e preparo físico entre aulas, ensaios e apresentações; e que muitas outras pessoas estão envolvidas para que se concretize um espetáculo.

Tudo isso foi um incentivo, um desafio para nossos alunos que tiveram a *idéia de fazer um teatro que foi se desenvolvendo e que exigiu muitos dias de ensaio.*

O projeto foi desenvolvido durante aulas de quatro horas, nas datas de 5, 12, 19 e 26 de agosto, 16, 23 e 30 de setembro e 7, 14 e 21 de outubro.

No dia 9 de setembro tivemos a reunião de pais e no dia 23 de outubro a apresentação no Teatro Paulo Eiró. Os dias 14 e 21 de outubro foram dedicados aos ensaios gerais.

Deste projeto participaram 20 alunos, sendo 10 meninas e 10 meninos. Em novembro apenas uma aluna ainda estava com 9 anos, 55% dos alunos tinham 10 anos e 40%, 11 anos de idade.

Das crianças envolvidas, 55% vinham de colégios particulares e 45% de escolas públicas. Destas, 25% eram municipais e 20% eram estaduais.

Os depoimentos dos pais foram colhidos na Reunião do dia 9 de setembro, à qual compareceram um pai e doze mães.

O processo de trabalho e a apresentação no teatro Paulo Eiró foram documentados em vídeo. A documentação em vídeo não provocou alterações na dinâmica das aulas e teve a intenção de trazer dados acerca da criação do roteiro e da montagem do projeto.

A montagem do projeto

"Nós fizemos esse trabalho logo depois de visitar um projeto de balé. Nós assistimos e depois bolamos o nosso AXIOMA 7."

Brena (11 anos)

Capítulo 3 – PROJETO AXIOMA 7

Na palavra projeto está contida a idéia de vir-a-ser e designa tanto o que nos propomos a realizar quanto o que será necessário para alcançarmos o objetivo.

Para vincular sentido ao projeto e ao seu desenvolvimento e tomada de decisões, tanto por nós professores quanto pelos alunos, precisamos encontrar as questões, os problemas específicos envolvidos. Assim, as reflexões que puderem ser feitas a partir do projeto nos ajudarão a compartilhar suas singularidades e os conhecimentos produzidos.

A mera descrição dos resultados de um projeto forma uma imagem parcial da intenção global de aprendizagem dos projetos de trabalho, conforme Hernandez e Ventura (1998). Para estes autores, trabalhar com projetos implica considerar a aprendizagem significativa, o enfoque globalizador, as interações ocorridas no grupo, a avaliação formativa e o caráter aberto do planejamento.

Da parte do professor, exige uma forma de se relacionar com a informação para transformá-la em saber compartilhado, em uma experiência de conhecimento e construção. Para o aluno, uma forma de levar a cabo a aprendizagem, ampliar seu repertório, diversificar suas possibilidades de comunicação e expressão.

Como vimos, entre as transformações que a escola vem vivendo tivemos a criação dos *quartetos*, durante a direção da Yara Borges Caznók, e cuja implantação aconteceu já na direção de Jean Pierre Kaletrianos.

Atualmente, os *quartetos* atendem os grupos de alunos de 9/10 anos. São duas classes com 14 alunos cada uma, para quatro professores que respondem pelas quatro linguagens (música, teatro, dança e artes plásticas).

A idéia é ter um professor específico para cada linguagem com o objetivo de aprofundar a experiência anterior, os conceitos adquiridos e as possibilidades do trabalho de integração a partir de projetos.

O fato de trabalharmos juntas, podendo dividir a observação das aulas e as informações, já constitui um espaço de troca constante.

Durante o primeiro semestre dividíamos as quatro horas de aula em dois períodos. No primeiro período um dos grupos de alunos ficava com duas professoras e o outro com as outras duas. Havia um intervalo de quinze minutos para lanche, e as crianças trocavam de sala e de grupo de professores. O grupo de alunos era constante, as duplas de professoras eram formadas conforme as necessidades do dia, considerando tempo, espaço e atividades a serem desenvolvidas. Pudemos, assim, garantir um trabalho mais específico em cada linguagem e a troca entre professoras e alunos.

Porém, no segundo semestre, com a idéia do projeto trazida pelas crianças, nos articulamos de forma menos estruturada com relação à rotina.

O contato dos professores em aula garantiu e tem garantido um espaço de observação do aluno, do próprio trabalho e uma maior integração de conteúdos em propostas bastante abertas, gerando um saber que circula, que não fica compartimentado.

Tudo isto exige muita flexibilidade e disponibilidade para, a partir da escuta, da observação, discutir e planejar as atividades para cada aula, o que inclui também as contribuições que os alunos trazem com relação aos assuntos em andamento.

Imaginação e criatividade vão, assim, sendo alimentadas com o conhecimento historicamente acumulado e com o saber que cada um traz, seja ele aluno ou professor. Buscando, selecionando, ordenando, analisando, interpretando, visamos chegar à apresentação pública de nossa produção.

O campo de conhecimento delineado não está voltado apenas à aquisição de estratégias cognitivas mas, também, para a participação dos alunos como responsáveis pela própria aprendizagem.

Qual a condição subjetiva na convivência e produção grupal? Qual a responsabilidade de cada um pelo que faz e traz?

Encontrei em Piaget (1964/1990) respostas para minhas indagações. Seu olhar atento à criança em crescimento, desenvolvendo-se em interações com o mundo que a cerca, levou-o a concluir que o sujeito que aprende constrói seus conhecimentos por meio de um processo adaptativo, pela interação sujeito – situação. A situação proporciona uma significação do conhecimento para o aluno, na medida em que controla os resultados a serem alcançados. Dessa maneira o conhecimento que o aluno constrói é contextualizado.

> "O Axioma 7 que eu vi foi muito legal até nossa turma fez um tipo de Axioma 7. Essa escola inventa cada coisa..."
>
> Loan (10 anos)

> "Primeiro fomos ver o balé de São Paulo, conversamos e concluímos o que é o Axioma 7, fizemos a conclusão de cada um e fomos começar a ensaiar o teatro."
>
> Gusto (10 anos)

Como estávamos no final do semestre, combinamos para agosto retomar a idéia do projeto.

No retorno às aulas, conversamos sobre o que cada um poderia trazer sobre o Axioma 7: lembranças, impressões, sentimentos ...

> "Jogaram o sapato."

> "Gostei da parte das cadeiras. Enquanto eles se movimentavam tive a impressão que era uma guerra. Que estavam se preparando para o outro dia de uma guerra, porque faziam tudo rápido. Quando a mulher andava em cima das pessoas, estava andando num túnel, indo para um outro lugar onde os adversários preparavam uma guerra."

> "Achei que era uma dança antiga. Um movimento diferente das danças de hoje. Um fazia outro fazia em seguida."

> "Modificaram a dança e o homem parecia aleijado porque a mulher fazia de tudo para ajudá-lo e ele poder levantar."

> "Gostei dos pulos, caíam, rastejavam."

"Iam tirando as peças de roupa, todo mundo abaixava, fazia uma coreografia. Quem estava na primeira cadeira fazia uma coreografia no solo, aí eles subiam e às vezes pareciam tristes, alegres. Aconteciam mudanças, principalmente no solo. Uns rastejavam, outros pulavam, mas nada com base no que faziam nas cadeiras em grupo."

"Na dança da cadeira faziam a rotina do dia: levantavam, escovavam os dentes, lavavam o rosto. Faziam a rotina do dia, escorregavam, como se deitassem, mudavam de cadeira e aí era outro dia. O solo era completamente diferente."

"Para mim expressavam medo, corriam, rastejavam, faziam expressões de medo e faziam movimentos como se estivessem carregando uma pessoa que não reagia."

"Parecia uma torcida (faziam um movimento de onda)."

"Parecia que estavam com pressa. Faziam tudo com pressa, coisas rápidas, corriam para fazer tudo de novo rápido na cadeira."

"Aquela hora que eles puseram a cadeira, faziam tudo rápido."

"Lembro de uma hora que a mulher não tirou a roupa e aí eles ficavam pegando a roupa dela."

"Parecia que ela doava a roupa."

"Também a parte que ficavam duas mulheres engatinhando em cima dos outros que permaneciam na cadeira."

"Jogavam a roupa no meio, parecia que estavam com calor. Todo mundo jogava a roupa, parecia um baú. Tirava, tirava, a roupa não acabava."

"De tanto tirarem a roupa, uma hora achei que iam tirar toda a roupa."

Capítulo 3 – PROJETO AXIOMA 7

"Achei que não, porque tinha homem também. Como ia ficar?"

"Sempre tinha uma pessoa no meio, que mostrava que estavam tristes, alegres."

"Teve uma cena que eles tiravam a cadeira do semi-círculo, punham paralelo, dançavam intercalado (em diagonal). Dançavam."

"Parecia dança de índio pelos movimentos."

"Ficavam sentados na cadeira, tiravam uma roupa, depois fizeram duas fileiras."

"Acho a mesma coisa que o José Mario. Só que quando iam para o meio era a rotina fora: o trabalho, a cidade. Legal também a parte que a mulher estica os braços e carrega o homem, e parece que quer carregar o homem para a cadeira, mas não consegue."

"Quando a mulher estava engatinhando parecia que voltava a ser criança."

"Mas, O QUE É AXIOMA?"

Pegaram o dicionário na mala da outra escola:
"Axioma: Premissa imediatamente evidente que se admite como universalmente verdadeira sem exigência de demonstração. Máxima, sentença."
Ficaram conjeturando se um provérbio era uma máxima, um axioma.

"O que na nossa vida tem o '7'?"

7 DIAS DA SEMANA
7 MARAVILHAS DO MUNDO
7 CONTINENTES

7 MARES
7 VIDAS DO GATO
7 CORES DO ARCO-ÍRIS
7 NOTAS MUSICAIS
7 ANOS DE AZAR

" A rotina acontece nos 7 dias da semana."

Levantamos com eles a origem do coreógrafo. Como é a questão da guerra para alguém que mora em Israel? A rotina, o cotidiano. A história, espaço e tempos que estão presentes nas produções artísticas. Flávia pediu que individualmente escrevessem cinco palavras a partir das idéias trazidas sobre o tema.

Obtivemos a seguinte lista: dança, pessoa, antigo, cadeira, movimento, rotina, atenção, saltos, coreografia, índio, disciplina, treinar, tênis, balé, sapatilha, teatro, diferente, livre, guerra, roupas, música, axioma, força, sério, legal, ritmo, fantasia, beleza. ensaio, voltas, amizade, respeito, músculos, vontade, competência, expressões, criatividade.

Em seguida foi pedido que formassem grupos de quatro alunos e elaborassem um texto, que podia ser em verso ou em prosa. Combinaram uma leitura para o texto, que foi apresentado na roda, para todos.

"Um dia acordei com vontade de dançar, inventei um passo muito criativo. Minha mãe falou que estava uma beleza, pois viu meu ensaio. Ela viu também o meu ritmo.

Chamei meus amigos, meu pai viu os músculos deles, ele viu com muita atenção as pessoas, nos respeitou. Estava muito bom.

Hoje sou um dançarino profissional."

Mario (11 anos)

Estes comentários revelam as questões levantadas pelos alunos, como criação, jogo e técnica.

Como numa proposta de jogo, o projeto traz uma possibilidade de exploração de idéias, saberes, materiais. Traz ainda uma percepção dos limites em função das possibilidades técnicas necessárias. Vencer os desafios a cada etapa, ver-se diante dos diferentes problemas e antecipar possíveis soluções.

Tudo isso exige atitudes de: concentração, atenção, disciplina, perseverança, flexibilidade, calma, curiosidade, domínio de si, criatividade para alcançar os objetivos na conclusão do projeto considerando as coordenadas possíveis: espaço, tempo, materiais, regras, dicas, técnica etc.

Mostravam os comentários das crianças uma disposição para a problematização como recurso e suas atitudes estavam mostrando ser parte da solução?

Minha leitura, neste primeiro momento, é de que estavam dispostas a compartilhar, assumir responsabilidades, interagir, podendo perceber-se e perceber o outro. Trouxeram questões do próprio cotidiano, a rotina estressante: levanta, escova os dentes, lava o rosto, veste a roupa, toma café, escola, trabalho, exercícios físicos, lições, provas, sonhos, esperanças, almoço rápido, trabalho, estudo, retorno ao lar, cansaço.

O projeto assumia um contorno que delimitava o espaço de cada um, permitindo estabelecer estratégias e a discussão de soluções.

As professoras, como num jogo, observam a forma de jogar, levantando dados de avaliação e índices norteadores das condutas a serem adotadas.

Segundo Macedo (1997), o jogo simbólico implica presença do outro com o qual estamos envolvidos pela ação e diz da ordem do cultural, do simbólico.

Por intermédio dos jogos simbólicos, a criança entra no mundo da cultura, da civilização e da sociedade. Associada a uma ação há sempre uma significação e as significações vão ser diferentes de acordo com o desenvolvimento cognitivo.

A atribuição de significação a um objeto se dá por meio de "possíveis", que permitem à criança compreender o objeto, e por meio dos "necessários", que a levam a estender suas ações em coordenadas de tempo e espaço, criando novos esquemas. Construindo esquemas melhores que os anteriores, dos esquemas de ação passamos para os esquemas simbólicos (Piaget 1964/1990). Para tanto, três condições são exigidas: imitar, criar novos significados e poder representar. A formação do símbolo é conseqüência da formação de objeto.

Nos jogos de regras a lógica da ação, no plano do pensamento, está ligada a princípios reguladores que são a expressão ética ou operatória, onde o jogador depende do adversário para jogar bem, o que revela um comprometimento com o bem comum. Assim, Axio-

Capítulo 3 – PROJETO AXIOMA 7

ma 7, como trabalho de grupo, como jogo, dependia de cada aluno como jogador e de cada jogada para um bom resultado.

Nós, professoras, estávamos com farto material em mãos e deveríamos definir os próximos passos em cada área visando a integração das mesmas e garantindo sentido à montagem da apresentação. Que conteúdos trabalhar? Que atividades propor em função desses conteúdos e do projeto como um todo?

Considerando as relações com o saber como a relação com o mundo em geral e também como a relação com os mundos particulares nos quais a criança vive e aprende num espaço-tempo, tecemos nossos conhecimentos de modo que os elementos estruturais de cada linguagem nos trouxessem textos e sub-textos a serem revelados e desvelados, subsídios para a integração das mesmas na construção do projeto.

Buscamos que o espaço nos permitisse visitar vários lugares e que o tempo fosse compreendido historicamente.

Em artes plásticas, Márcia Andrade releu para as crianças as anotações acerca das lembranças e impressões que trouxeram sobre o balé.

Foi pedido que desenhassem algo que fosse significativo para eles, algo que gostassem de desenhar e que pintassem com guache.

Num segundo momento deveriam retomar o mesmo desenho, usando apenas linhas retas e ângulos.

Observaram as transformações ocorridas e comentaram os trabalhos realizados. Para a maioria não pareceu fácil alterar o desenho inicial. Qual o sentido dessa modificação?

"A imaginação visual é um dom universal da mente humana, um dom que na pessoa mediana surge numa tenra idade. Quando as crianças começam a experimentar a configuração e a cor, elas enfrentam a tarefa de inventar um modo de representar, num dado meio, os objetos de sua experiência" (Arnheim, 1980:132).

Pareciam instigados. Os próximos passos buscavam trazer dados que pudessem subsidiar as indagações acerca da proposta anterior. A professora trouxe reproduções de obras de diferentes fases do artista plástico Pablo Picasso (1881-1973).

Observaram o que foi mostrado e comentaram a obra *Les Demoiselles d' Avignon* (1907).

"Muitas mulheres num espelho quebrado."
"Não querem mostrar o rosto."
"Estão no banheiro?"
"Estão usando máscara, parece o Egito."
"Elas estão refletidas num espelho quebrado. Mostram corpo de mulher e cabeça de animal por isso parece o Egito."

Para Arheim, a obra de arte abarca toda a série da experiência humana e utiliza formas mais gerais para as maiores variedades de fenômenos. A abundante variedade de criaturas na produção de Picasso estaria subordinada aos princípios gerais que determinam sua visão de vida e portanto o seu estilo.

Foi neste sentido que a escolha deste artista pareceu pertinente como subsídio para o projeto: por seu inconformismo, pelas inquietações que sempre o mobilizaram, pelas mudanças que propôs, por sua influência na arte do século XX.

Viveu 92 anos e passou por diferentes momentos da história deste século: duas guerras mundiais, a Guerra Civil espanhola.

Aos 19 anos de idade foi para Paris e pintava temas expressionistas: mendigos, gente de circo, vagabundos. Mas isso não o satisfez. Com o incentivo de Gauguin e Matisse começou a estudar a arte primitiva. A partir daí passou a perceber que é possível haver, não uma simplificação da impressão visual, mas sim a construção de um rosto e de objetos a partir de poucos elementos muito simples.

Influenciado pela sugestão dada por Cézanne para um jovem pintor para que observasse a natureza a partir de cones, esferas e cilindros, o que Gombrich (1993) interpreta como uma advertência para que o artista mantivesse em mente essas formas sólidas quando fosse realizar suas pinturas, Picasso e seus amigos resolveram tomar o conselho ao pé da letra.

Queriam construir algo novo e não copiar. Desenhavam o objeto, mais ou menos de acordo com os princípios egípcios, destacando o ângulo que mais caracterizasse sua forma. A intenção não era representar, mas sugerir a estrutura total dos corpos e objetos, evocando uma totalidade, como se tivessem dado a volta em torno deles, vendo-os completa e simultaneamente, sob todos os ângulos visuais, planos e volumes. A fragmentação que observamos significa a decomposição da estrutura do objeto, na intenção de sugeri-lo na totalidade.

Esse movimento foi chamado de Cubismo.

Em *Les Demoiselles* o colorido é sóbrio, as três moças exibem seus corpos a dois marinheiros, um dos quais entreabre a cortina de uma porta. As formas estão geometrizadas, principalmente os rostos, revelando sugestões de esculturas arcaicas e africanas.

Nossas crianças haviam trazido pareceres pertinentes em sua primeira leitura da obra. Só depois a professora revelou o nome do pintor e fez algumas observações discutidas com as crianças. Contou um pouco da biografia do artista.

Como observa Gombrich (1993), um inconveniente do cubismo é que nessa maneira de construir a imagem de um objeto só poderiam ser usadas formas conhecidas.

Em outra aula, mostrou às crianças outras obras cubistas de Picasso para que identificassem o que estava sendo *sugerido* como imagem em *Violino* e as *Uvas, Mulher de Camisa sentada na Poltrona, O Violão.*

"O que você vê nesta obra?"

Só depois contou a eles o título das mesmas.

Entregou a cada criança uma cópia da obra *Mulher de camisa sentada na poltrona*, pediu que colassem numa folha de sulfite e puxassem todas as linhas estruturais para que as percebessem podendo abstrair a partir delas. Coloriram com lápis aquarela.

Mulher de camisa sentada na poltrona é de 1930. Nela o jogo de cores reaparece quebrando a monotonia cromática das obras precedentes.

CAPÍTULO 3 – PROJETO AXIOMA 7

Discutiram ainda um pouco mais suas impressões e os *experimentos* de Picasso, embora o próprio pintor negasse que estivesse fazendo experimentos e que apenas encontrava.

"Todos querem entender de arte. Por que não tentam entender o canto de um pássaro?"

Picasso

Ao longo do processo de montagem do roteiro, as crianças registraram com desenhos os movimentos descobertos, a relação que iam estabelecendo com os objetos utilizados em cena e com o espaço. Na dança, reconhecer os gestos do cotidiano, o corpo, suas partes e suas articulações nestes gestos mobilizou o grupo para uma ampliação desse repertório e da consciência do movimento. À medida em que iam reconhecendo o próprio potencial expressivo dos movimentos cotidianos transformados, puderam escolher seu lugar no espaço por meio de diferentes formas de expressão, de locomoção e de deslocamentos. Exploraram os diferentes planos – baixo, médio e alto.

Criando e improvisando, selecionaram e organizaram seqüências que pouco a pouco foram constituindo a coreografia do Projeto Axioma 7.

Neste processo de releitura, os alunos optaram por incorporar alguns movimentos da coreografia original e por manter semelhante a forma, que alternava *coro* e *solo*.

A singularidade de cada aluno neste fazer *dança* foi sendo trabalhada como conhecimento auto-reflexivo, um conhecimento por meio da dança que considerou ainda as diferenças e o respeito mútuo dentro do grupo. Vianna e Carvalho nos dizem que "Mais do que uma maneira de exprimir-se através do movimento, a dança é um modo de existir e é também a realização da comunhão entre os homens." (1990:88).

Na medida em que dominavam os próprios movimentos, às seqüências iam acrescentando objetos: os bancos da escola, toalha de banho, caderno, livro, relógio, tênis, tigelinhas japonesas, *hashis*. Tudo se desenvolvendo ao som de Bach.

"O Axioma 7 é uma dança do Balé da Cidade de São Paulo. É uma dança ótima, que representa nossa vida, o cotidiano, isto é, o dia inteiro, vinte e quatro horas, e nestas horas de um dia vão acontecendo várias coisas: o despertar, o trabalho, o lanche da tarde..."

Ariel (11 anos)

"Nosso trabalho foi assim, no solo cada um de nós inventava um movimento com a cadeira.

O que nós fizemos foi criativo, mas copiamos algumas coisas da dança mesmo."

Dina (11 anos)

"Concluímos o que é Axioma 7, fizemos a conclusão de cada um e fomos começar a ensaiar o teatro, fomos acrescentando e consertando coisas, escolhendo músicas e movimentos até marcarmos a apresentação no Paulo Eiró. Ensaiamos as últimas vezes e apresentamos."

Gusto (11 anos)

Para Chekhov (1986), é missão do ator transmitir ao espectador suas impressões pessoais das coisas reais, como as vê e sente. Entretanto, diz ele, não poderá fazê-lo se o seu corpo estiver limitando, aprisionando sua expressividade. Para que isso não aconteça deverá conhecer-se e ampliar o círculo de seus interesses, tentando vivenciar a psicologia de pessoas de outras eras, lendo peças de época, romances históricos, ou a própria história.

As aulas de teatro buscavam também explorar o cotidiano, colocando a palavra, o texto, aliada ao movimento e à música.

Escolheram oito palavras da lista levantada inicialmente no semestre, escreveram um texto em pequenos grupos e depois fizeram a leitura dos mesmos.

Capítulo 3 – PROJETO AXIOMA 7

"Eu assisti uma dança em que os bailarinos acompanhavam a música. Na coreografia tinham muitos saltos. O balé parecia uma dança antiga. Depois assisti um teatro que tinha muito movimento."

Em roda, passavam movimentos em cadeia acompanhados de um som. Dos movimentos realizados escolheram três e repetiam só o primeiro movimento na música, depois o segundo movimento escolhido, e o terceiro. Sentados nos bancos, um ao lado do outro, repetiam em cadeia o movimento criado por quem estava ocupando o primeiro banco, tudo de acordo com a música colocada pela professora.

Flávia pediu ainda que combinassem como fazer a troca de lugar sem a ordem da professora.

Depois deste exercício escolheram outros três movimentos de que mais haviam gostado e criaram um som que acompanhasse a execução dos mesmos.

Sugeriram que todos fizessem o mesmo movimento a cada vez e a professora aceitou.

O passo seguinte foi trabalhar com objetos de uso diário que trouxeram de casa: toalhas, agasalhos, bonés, tênis. Cada um escolheu um movimento do cotidiano para executar como *solo*, assim como um monólogo curto que acompanhasse a ação.

Aqui já deveriam considerar que personagem estavam assumindo: onde ele está, o que está fazendo, qual sua profissão ou ocupação, como se sente. Pai, filho, mãe, filha, estudante, trabalhador. Paz, guerra, espaço público, espaço privado, coletivo, individual. Alegria, tristeza, cansaço, disposição, esperança, descontentamento ...

O trabalho foi discutido e retomado, com o objetivo de melhorar as cenas individuais com texto, situar melhor a questão de *jogar os objetos*, organizar os *solos* e a troca de lugares.

"Fizemos o ano inteiro em teatro a verdade absoluta que é o axioma e o sete que é sete maravilhas do mundo, sete notas musicais e sete dias da semana. Preparamos grupos para fazer o teatro, um solo do movimento e uma sequência de dança que ficou muito legal."

Isadora (9 anos)

"Nós treinamos toda 5ª feira, até não querer mais. E no dia da apresentação foi muito legal. ADOREI."

Rosana (10 anos)

Aos poucos foi possível definir com eles o que permaneceria por ser mais significativo para a realização do projeto que começava a tomar uma forma.

O que é forma?

Francastel nos responde: "Uma forma consiste na descoberta de um Esquema de pensamento imaginário a partir do qual os artistas organizam diferentes matérias." (1973:10)

E explica: todo objeto é forma, mas para que haja Forma deve haver transformação, deve haver um desígnio de inventar uma nova ordem na qual estará determinada uma certa disposição das partes que traduzirá a intenção do artista. Bach dizia uma *invenção*. A obra de arte ao chegar ao público oferece matrizes por meio das quais se revelam novas relações, novos valores.

Assim como em artes plásticas, procurei em música trazer a Forma para que os alunos compartilhassem conosco formas de traduzir suas intenções com relação ao projeto, diversificando a informação para que ampliassem sua imaginação quanto à experiência vivida pelos homens em diferentes épocas.

Desde o primeiro semestre vínhamos realizando uma roda *rítmica* que trazia a repetição sucessiva de diferentes células rítmicas, executadas a cada dois tempos, por meio de percussão corporal.

Isto trouxe uma certa familiaridade para eles, com relação a alguns momentos da coreografia, o que chamaram *movimento de onda*. Mas existia um *tutti* (aquilo que todos realizam em conjunto) e um *solo* (aquilo que é realizado por uma só pessoa). Apresentei então a proposta de trabalharmos a relação de dobro e metade e encontrarmos todas as combinações possíveis com os seguintes elementos:

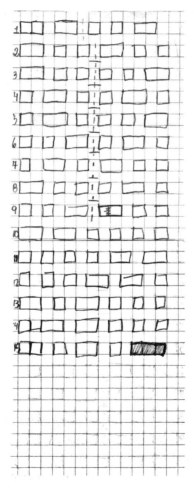

Encontramos 14 combinações e a partir delas organizamos nossa forma rondó.

Escolhemos a combinação que corresponderia à parte A, um tema principal que seria interpretado por todos (*tutti*), e a seqüência de digressões B, C, D, E etc. Na forma rondó, após cada SOLO sempre retornamos à parte A, resultando numa forma A B A C A D A E A F A e assim por diante.

Copland (1974) observa que o rondó é uma forma seccionada, ou seja, construída por seções, onde a característica básica é o retorno do tema principal depois de cada digressão. A importância está no tema principal e o número de digressões é acidental. A digressão tem a função de criar contraste e equilíbrio. Para este autor as formas seccionadas são as de mais fácil entendimento para o ouvinte devido à separação mais ou menos definida das partes relacionadas entre si. O rondó enquanto forma se constrói claramente pela combinação de seções separadas.

Executamos nossa composição por meio da voz, de percussão corporal e de instrumentos de percussão.

Quando já estávamos familiarizados com esta primeira forma, ouvimos a música de Johann Sebastian Bach (1685-1750), utilizada nas aulas de teatro e dança:

SUITE Nº 1 IN C, BWC 1066
Ouverture
Courante
Gavotte I & II
Foriane
Menuet I & II,
Bourrée I & II
Passepied

Na Renascença, os compositores ligavam uma dança a outra. As suítes são uma ampliação dessa concepção e comportam um grupo de peças. Podiam ser escritas para um ou mais instrumentos. Muitas suítes foram escritas para cravo e o esquema mais comum

Capítulo 3 – **PROJETO AXIOMA 7**

abrangia uma série de quatro danças de diferentes países. Entretanto, o compositor podia incluir uma ou mais danças. As danças variavam de compasso e andamento, algumas mais rápidas, outras mais lentas, outras ainda em andamento moderado.

Foi esse caráter de seqüência de danças e a diferença nos andamentos que mais as crianças notaram. Comentaram ter achado a música de Bach estimulante, ao contrário do que geralmente se observa. Alguns ouviam quietos, outros dançavam. A única combinação era manter o silêncio.

A cada roda de entrada tínhamos um momento de contar histórias ou ouvir música. Algumas crianças tocavam piano, outras haviam trazido livros, a professora Dalva Argentino veio nos contar algumas curiosidades sobre Bach e nos emprestou um livro escrito por Ana Madalena Bach, esposa do compositor.

Podíamos construir a cada início de aula um encontro mágico onde o olhar e a escuta pareciam transportar as crianças para outros tempos, outros espaços, outras histórias.

Quando Renata trouxe o livro *Bach,* da coleção Crianças Famosas da Editora Callis, ficamos sabendo que, quando seus pais morreram em 1694, ele ia completar dez anos. Foi morar em Ohrduff com seu irmão mais velho Christophe, que era compositor e passou a lhe dar aulas de cravo. O irmão não permitia que o menino estudasse mais de uma hora por dia. Não havia luz elétrica ainda, no inverno nevava... Fomos imaginando as peripécias de Johann Sebastian nessa atmosfera, suas aventuras para alcançar partituras, estudar cravo escondido, compor ou transcrever peças dos livros enquanto o irmão dormia, sua paixão pelo cravo e sua extraordinária memória musical.

Em outras *rodas* li trechos do livro de Ana Madalena. O primeiro encontro em 1720 em Hamburgo, o pedido de namoro em 1721, um ano após a morte de sua primeira mulher. Tudo muito diferente dos dias de hoje. A relação com os alunos, com os filhos.

"A igreja de Santa Catarina possuía um magnífico órgão de quatro teclados, do qual eu já ouvira falar muito aos amigos de meu pai.

Ora no dia seguinte ao da minha chegada, minha tia avó levou-me consigo às compras, e já no caminho do regresso, quando eu passava pela igreja veio-me a idéia de entrar para dar uma vista de olhos.

Logo ao entreabrir a porta percebi que alguém tocava, e sons tão maravilhosos saíram subitamente da obscuridade que me pareceu estar algum arcanjo sentado ao teclado. Penetrei vagarosamente no templo e ali fiquei ..." (Bach, s/d., p. 7).

Ficamos sabendo que Bach era um professor paciente com os alunos interessados e que se estes tivessem dificuldades para executar uma peça ele a reescrevia para tornar possível a execução. Escrevia exercícios próprios para cada necessidade. Em contrapartida, o desinteresse de um aluno podia irritá-lo tanto que era capaz de atirar a peruca ao solo ...

Todas estas vivências e informações foram integrando os alunos ao trabalho, dando sentido para o roteiro e o resultado foi a responsabilidade e o envolvimento com que participaram da apresentação no Teatro Paulo Eiró.

Nossa apresentação fazia parte da Super Semana, evento que sempre aconteceu na escola em outubro, em comemoração à Semana das Crianças, como um espaço interno de troca entre as crianças, entre as classes de cada período.

Tivemos porém a oportunidade de realizar, de 20 a 24 de outubro de 1999, este evento no teatro Paulo Eiró. No sábado dia 23 às 10 horas apresentaram-se os alunos de 9/10 anos dos diversos *quartetos*.

"Fomos ao local da apresentação às 8:30 horas para nos apresentarmos às 12:00 horas. Foi super legal pois era o dia do casamento dos meus pais, dia 23/10, mas só havia um problema, eu estava doente, Começou a doer muito na hora de nos apresentar, eu segurei a dor e consegui apresentar. Ganhei até outro papel. FOI MUITO BOM !!!

Mario (11 anos)

"Fomos apresentar no Teatro Paulo Eiró, foi super legal, estava cheio. Quando entramos no palco, vi a minha mãe, meu coração bateu tanto que fiquei nervoso graças a Deus, deu tudo certo, e os professores elogiaram bastante."

Filipe (10 anos)

Mesmo sendo a EMIA pluralista em sua prática pedagógica, pergunto: não é esta uma relação construtivista do sujeito com a tarefa, com o conhecimento? Com relação aos princípios construtivistas, observa Zabala:

"De uma forma muito sintética, esses princípios estabelecem que a aprendizagem é uma construção pessoal que o aluno realiza com a ajuda que recebe de outras pessoas. Essa construção, por meio da qual pode atribuir significado a um determinado objeto de ensino, implica a contribuição da pessoa que aprende, seu interesse e disponibilidade, seus conhecimentos prévios e sua experiência. Em tudo isso desempenha um papel imprescindível a figura do outro mais experiente, que ajuda a detectar um conflito inicial entre o que se sabe e o que se deve saber, que contribui para que o aluno se sinta capaz e com vontade de resolvê-lo, que coloca o novo conteúdo de forma que apareça como um desafio interessante, cuja resolução terá alguma utilidade, que intervém de forma ajustada aos progressos e dificuldades manifestados pelo aluno, apoiando-o, tendo em vista sua realização autônoma. É um processo que contribui não só para que o aluno aprenda determinados conteúdos, mas para que aprenda a aprender e para que aprenda que pode aprender: sua repercussão, então, não se limita àquilo que o aluno sabe, mas também ao que sabe fazer e a como vê a si mesmo." (1998:164-5).

O histórico da arte e da educação, no Brasil e em São Paulo, nos dá um referencial de como as concepções ideológicas que perpassam as correntes pedagógicas em diferentes épocas configuram o que se espera das sociedades futuras, o lugar do saber nas diferentes propostas metodológicas, as diversas concepções sobre como se produzem os processos de ensino/aprendizagem.

Tudo isto me leva a uma preocupação e a uma reflexão quanto às intenções educativas, sua relevância quanto aos objetivos e possíveis conteúdos numa escola que vem de constantes transformações, que privilegia o espaço da fantasia e da imaginação, que convive com posições que dão ênfase em maior ou menor medida às habilidades e procedimentos técnicos, ao conhecimento dos saberes socialmente construídos e aceitos como fundamentais, à formação de valores éticos, estéticos e atitudes sociais.

Conforme observa Dias (1996), os homens possuem uma imaginação e uma inteligência simbólicas, o que os diferencia dos animais que dispõem de uma inteligência e de uma imaginação práticas. Através do espaço e do tempo a criança exercita a fantasia, constrói o real e a imaginação criadora surge em forma de jogo.

No processo de aproximação dos objetos da cultura, cada um leva sua experiência e os instrumentos que lhe permitem uma interpretação subjetiva da realidade, mesmo considerando o que é compartilhado. A importância desta etapa na vida da criança é destacada por Furth:

"... a formação do símbolo é a construção psicológica básica subjacente à realidade interpessoal, como um fim em si mesma. Das operações lógicas, por outro lado pode-se dizer que se desenvolvem em resposta à necessidade de coordenar socialmente este conhecimento simbólico" (1987/1995:99).

Cabe ao professor valer-se da diversidade de estratégias para que os alunos possam desenvolver suas habilidades, seus conhecimentos, pois são diferentes não só os alunos mas também as situações em que têm que aprender.

O conhecimento é um processo de elaboração pessoal, algo que ninguém pode realizar pelo outro. Cada um, portanto, deve ser ativo na atribuição de significados aos conteúdos trabalhados. Esta atividade

Capítulo 3 – **PROJETO AXIOMA 7**

caracteriza-se pelas relações estabelecidas de forma pertinente e valiosa, entre o cultural e o pessoal, entre o que se conhece e o que se pretende aprender (Zabala, 1999).

Nessa perspectiva, ficava claro que o importante não é a quantidade de informações que se possui ou a quantidade do que se aprende, mas a competência no sentido daquilo que somos capazes de fazer, de pensar e de compreender.

Pudemos desenvolver habilidades e técnicas, reconhecer nossos limites, de forma a garantir variedade e segurança expressivas ao processo de criação e produção do projeto. A reflexão, o pensar sobre a realidade de forma a interpretá-la e recriá-la foi outro eixo importante de nossas intenções, sempre considerando os sentimentos de cada um a respeito de si, do outro e diante da vida.

As contribuições trazidas por nós, professoras, e a organização das informações trazidas pelas crianças, buscaram ajudar nossos alunos em seu desenvolvimento.

As rodas de conversa, os livros, partituras, revistas, discos, imagens, depoimentos de outros professores convidados, permitiam uma articulação de saberes entre mundos gerais e mundos particulares onde nós e nossos alunos aprendemos e construímos conhecimento.

"O encontro com qualidades estéticas abre inúmeras possibilidades de desenvolvimento para a criança. É aqui que se iniciará, também, o surgimento de formas que apresentarão o estilo de ser do indivíduo..." (Safra, 1999: 39).

Para este autor, o fenômeno estético possibilita a construção de si, do mundo e do conhecimento. Assim, criar é existir num intercâmbio contínuo entre o sujeito e o outro, entre a vida subjetiva e a realidade compartilhada, entre o indivíduo e a cultura, um movimento simbolizante que permanecerá ao longo da vida.

O estilo individual é construído pelo sujeito, não é adquirido, não pode ser trocado. Implica a essência de uma pessoa e sua integração, é sua própria coerência interior e pode ser transformado inúmeras vezes ao longo da vida, renovando-se. Por meio do estilo o sujeito cria e criar é estruturar, comunicar-se, integrar significados e transmiti-los (Ostrower, 1987).

Ao dar forma ao projeto criamos uma forma de comunicação de nosso fazer artístico, onde o espaço de liberdade e espontaneidade, o estilo de cada um, pode se configurar como aprofundamento da realidade, do cotidiano e do conhecimento das coisas, não só para nós mas também para aqueles que compartilharam conosco a apresentação na Super Semana, no Teatro Paulo Eiró.

Assim como criar é viver, a arte é, hoje, parte de nossas vidas. Não está apenas nos museus para ser contemplada. Está nas camisetas, nos copos de requeijão com reproduções de quadros famosos; na música de Bach para o comercial de automóveis. Em contrapartida, Duchamp levou o mictório para o museu e Andy Warhol levou a sopa Campbell's. Seus domínios se estendem para o cotidiano e com ele interage. Isto caracteriza a contemporaneidade da arte.

"...um sistema de ações extremamente móveis, não categorizáveis, um sistema de relações entre o convencionalmente artístico e não artístico, entre o artístico e o técnico-industrial, entre artístico e reflexivo, entre a arte e a vida" (Favaretto, 1985, p. 98).

Nesse movimento aconteceu nosso projeto Axioma 7. Da relação com o Balé da Cidade, com a música de Bach, com a coreografia de Ohad Naharian, com os objetos de nosso cotidiano, com nossa própria rotina, com a obra de Picasso, com as histórias que contamos e ouvimos, com nosso gestual, com nosso movimento e com nossa fala.

4
DISCUSSÃO

"Encarando a cultura pelo prisma de quem consome, a sociedade de consumo esconde e ignora os que produzem a cultura. Essa produção traz consigo séculos de conhecimento, práticas, valores, símbolos que pedem a cada um a paciência da iniciação, da formação e da criação."

Marilena Chauí

A história da EMIA vem sendo criada e recriada a partir das múltiplas relações que estabelece em seu cotidiano. Ao longo destes anos transformou-se, buscou novos rumos, construindo e reconstruindo a sua prática num movimento contínuo, nunca totalmente acabado, como o movimento da própria educação de um sujeito.

Esta história contém as histórias que cada um traz: diretores, alunos, professores, funcionários, pais e espero que possa contribuir para que todos se vejam como participantes do processo de construção da escola. O individual no coletivo, o universal no particular.

Cada nascimento implica entrar em uma história que é singular de um sujeito mas que está inscrita numa história maior – a da humanidade. Implica relações e trocas com os outros homens, ter um lugar no mundo, ser ativo, produzir.

Nesse conjunto de relações o sujeito dá sentido para sua condição de humano e constrói a si mesmo e é construído pelos outros. O movimento é longo, complexo e, assim, o homem aprende (Charlot, 2000).

A expressão das próprias idéias e pensamentos que ocorre por meio da palavra, do gesto, do som, do traço, da cor, do jogo, do trabalho; o contato com as diferenças contribuem para o relacionamento com o outro, para o auto-conhecimento, para o aprender a relacionar-se com o mundo. Um mundo que vem sendo construído pela própria espécie ao longo de sua história.

A possibilidade de trazer a história da escola em que estudei, fatos de minha infância, tem como objetivo contextualizar o lugar do sujeito e da arte na educação, nossa parte como agentes de mudança, as marcas de cada época na história que cada um vive, faz e traz.

Como espaço que vem somar à experiência do sujeito, que marcas seriam possíveis imprimir nas formas de atividade a partir do trabalho da EMIA?

Se o desenvolvimento tem uma relação direta com o meio em que nascemos, com as práticas culturais e as instituições de que participamos, se a efetivação do sistema é função da vida social e cultural, podemos considerar que a EMIA contribui para o desenvolvimento das representações, da formação e uso de símbolos, que se efetivam como sistema, em função da vida social?

Os símbolos permitem as relações entre os homens, mas nós não os temos interiormente, eles são criados por cada cultura e nos dão a dimensão do que é ético e do que é estético, não pela obrigação do que nos é imposto pela lei, mas por leis internas que regem a rede simbólica à qual estamos ligados pelos afetos.

Os sistemas simbólicos e o papel da cultura como mediadores da ação humana são contemplados pela diversidade de relações e experiências que esta escola possibilita, contribuindo para a construção de um conhecimento que se dá por meio das diferentes linguagens expressivas – música, teatro, artes plásticas e dança, pelo contato com os diferentes materiais, pelos sentimentos que essas vivências

CAPÍTULO 4 – DISCUSSÃO   129

despertam em cada um de nós, por ser um espaço de iniciação artística.

Além disso, devemos considerar que os sistemas simbólicos e expressivos estão na base de toda aprendizagem.

"Como é a EMIA para mim?

Uma escola de arte para crianças, para descobrir a vocação de cada um de nós."

Filipe (11 anos)

Entender a cultura como trabalho de criação de símbolos, valores, obras, idéias e representações, é apreendê-la num movimento pelo qual a humanidade pode transformar as condições dadas pela experiência em algo novo. É nesta passagem que se dá a iniciação?

É nesse sentido que vejo um dos diferenciais desta escola, uma vez que pertence à Secretaria Municipal de Cultura e busca oferecer condições para que as experiências mais diversificadas estejam ao alcance de seus alunos, seja nas aulas, nas oficinas, nas diferentes formações profissionais de seus artistas-professores, no contato com diferentes espaços culturais. Com isto mobiliza a troca entre o antigo e o novo e propicia conhecimentos que permitem ultrapassar os dados e fatos imediatos. Não se trata apenas de conhecer mas de se iniciar nesse novo onde podemos ser marcados e deixar marcas, nos ver como autores.

Compartilhado com a comunidade, o trabalho artístico-cultural da EMIA contribui para a constituição da cidadania, da identidade cultural, pelo desenvolvimento da sensibilidade, da percepção e da crítica que os saberes e conhecimentos propiciam.

A construção do conhecimento implica a seleção de saberes relevantes de cada cultura e que já existiam antes que iniciássemos uma construção pessoal. Por serem de natureza simbólica, exprimem-se por meio de símbolos verbais, gestuais, plásticos, dramáticos. Podem ser compartilhados conferindo significado à atividade humana, mas dependem para isso de que possamos interpretá-los. Nessa referência mediadora da cultura, nessa necessidade de interpretação é que coloco a EMIA como mobilizadora, como facilitadora da relação arte e conhecimento.

Falar, cantar, tocar, representar uma peça de teatro, representar um espaço, interpretar uma peça musical, compor, improvisar, dançar, desenhar, pintar, participar de jogos e brincadeiras, dialogar, ouvir histórias, criar textos, ler, exigem a incorporação de símbolos e de signos com significado cultural. O domínio de diferentes sistemas e códigos culturais amplia a possibilidade de transformação da realidade, da própria atividade, permitindo um domínio cada vez mais consciente e voluntário sobre elas. Neste processo tanto nos apropriamos da cultura como dela nos colocamos como agentes. Fazemos arte e podemos apreciar e usufruir da produção de outros em cada época da história.

Como protagonista deste processo, tocada pela iniciação artística como professora da EMIA, como artista, sou também memorialista, *contadora* desta história, pesquisando e registrando, documentando o cotidiano, momentos, fatos, esperanças, conquistas; buscando contribuir para a criação da memória deste momento retratado. E que essa memória possa formar novos protagonistas, autores e agentes.

"O narrador retira da experiência o que ele conta: sua própria experiência ou a relatada por outros. E incorpora as coisas narradas à experiência dos seus ouvintes" (Benjamin, 1994: 201).

Aqui o lugar da narrativa está ligado à reminiscência. Cria-se uma cadeia de tradição que transmite os acontecimentos de geração em geração, tecendo uma rede formada pelo entrelaçamento das histórias que a constituem. Articulam-se umas às outras, inserindo nossa singularidade na história dos homens. Busco a temporalidade dos fatos e a qualificação do vivido para que o presente e a tradição permitam a construção de identidades individuais e coletivas, a identidade da própria escola.

Para Dewey (1974), quando há o envolvimento da afetividade, da cognição e da prática cotidiana, que provoca uma imersão na experiência, se atualiza uma qualidade estética.

Assim, ao resgatar a aluna que fui e a escola em que estudei, procurei trazer uma referência que possibilitasse evitar a repetição de modelos recebidos. E ao mesmo tempo contextualizar o trabalho da EMIA. Ao construir a própria identidade e a desta escola, procurei efetivar um fazer artístico e pedagógico com significação.

Um presente com memória permite reinventar a própria memória, nos repensar como profissionais, repensar a EMIA neste momento. Contextualizamos as experiências vividas a partir de um presente que traz consigo o passado coletivo e pessoal. Iberê Camargo (1998), fala na *gaveta dos guardados*, que abrimos tocados pela sensibilidade estética para recriar a realidade e para desvelar a significação do passado. Papéis, depoimentos, entrevistas, fotos, recortes.

Se no início da escola não podíamos perceber o caminho que estávamos traçando, a ousadia de percorrê-lo, e agora de recordá-lo para que se mantenha vivo neste processo de constante transformação, revela a responsabilidade pelo projeto, a atitude ética de ouvir os diferentes segmentos que a compõem, a coragem de acreditar na liberdade, o amor por esta escola. Pude desvelar o prazer pelo conhecimento que ela proporciona, o que nem sempre ocorre na escola regular.

O fato das crianças freqüentarem a EMIA por vontade própria não implica um desejo? Um despertar? Um desejo que é também dos pais num primeiro momento?

Creio serem estes os fios que unem as histórias trazidas: o desejo, o prazer pelo conhecimento, a aventura do novo através da iniciação artística, o vínculo com a escola. A arte como relação de vida, que prepara para a vida.

A interdisciplinaridade, a integração das linguagens artísticas, música, teatro, artes plásticas e dança, se caracterizam como autorização do trabalho de cada um, indicando o quanto a formação de um saber pode abrir espaços de conhecimento para as relações pessoais e profissionais. Um conhecimento para a vida e para o trabalho seja ele artístico ou não.

Esses espaços de conhecimento estão garantidos pela proposta da escola e pelo seu eixo curricular, contribuindo para a formação de um sujeito cognoscente tanto epistemológico, um sujeito do conhecimento, quanto um sujeito formador de conhecimento.

Este conhecimento em arte e por meio da arte procura respeitar espaços e tempos que configuram a inauguração de algo novo, o fazer pessoal, a transformação da matéria para dar existência ao não existente – uma representação artística, estética. Nesse processo, perceber-se como único, como autor, dá identidade e propicia conhecer.

Defrontar-se com a matéria, com os limites, exige disciplina, mas também dá sentido à disciplina. Perceber o limite de um gesto e buscar outro; sentir nojo ou prazer diante da tinta ou da argila; estudar música – desafinar e buscar o som.

A relação entre criação e conhecimento que esta escola oferece considera um conhecimento coletivo e um conhecimento individual que, ao se complementarem, garantem harmonia, na medida em que conhecimento e interpretação caminham juntos.

Pelo processo de construção do projeto Axioma 7 podemos observar um conhecimento que nos inclui no mundo do real e um conhecimento que nos inclui no mundo das interpretações ao qual, por meio da rede simbólica, estamos unidos pelo afeto.

É esta relação, que confere significação, promove apropriação e vínculo por meio de um fazer artístico e pedagógico compartilhado entre professores e alunos.

A EMIA não precisa de notas, provas, carteiras enfileiradas. O ensinar e o aprender ganham sentido na relação. O fazer transforma o geral, que é sintetizado numa unidade estética e que contempla o particular como marca que cada um imprime.

Na EMIA a arte permite atuar em campos voltados para o espaço de criação, como possibilidade expressiva e lúdica, abrindo para a escolha. Não posso porém escolher a partir do nada, mas a partir de algo que me é oferecido. Como escolher se não fui iniciado?

CAPÍTULO 4 - DISCUSSÃO   133

"Iniciação artística porque é uma escola de começar, começar
nas artes"

Luca (6 anos)

Artistas ou não, nossos alunos estão marcados pelo ritual da
iniciação, seja como alunos em seu cotidiano, em casa ou na escola
regular, comentário presente na fala dos pais e das crianças. Depoimentos de ex-alunos foram incorporados à pesquisa por significar
importante referencial de avaliação de nossa prática.

Apesar de ter sido pensada como apêndice da Escola Municipal
de Música, ter depois se desvinculado e conquistado autonomia, por
ser única e pioneira pôde construir uma identidade própria e manter
seu projeto mesmo diante das adversidades políticas.

"Hoje a Escola Municipal de Iniciação Artística desenvolve um
trabalho pedagógico diferente do modelo de ensino instituído
pela Escola Municipal de Música (EMM). Ela se preocupa em
oferecer para as crianças um ensino mais voltado ao
desenvolvimento da sensibilidade artística de uma forma
interativa" (Lima, 1999:45).

Pertencer à Secretaria Municipal de Cultura é um diferencial,
pois, nos garante maior flexibilidade quanto a currículo e conteúdos, o
que não nos distancia dos objetivos da Escola Municipal de Bailado e
da Escola Municipal de Música que são espaços com objetivos
profissionalizantes, uma vez que nossa fortuna crítica tem mostrado
quão bem sucedidos são os alunos que dão continuidade à iniciação
nas diferentes linguagens promovida pela EMIA, seja cursando a
EMM ou em espaços acadêmicos públicos de graduação em teatro,
dança ou música como a USP, a Unicamp, a Unesp entre outras.
Talvez seja este também um fator de estranhamento dentro da Secretaria pois quando nossos diretores se defrontaram com problemas
precisaram caracterizar o trabalho, justificar suas necessidades e
especificidades. Provavelmente isto tenha ocorrido pela não compre-

ensão dos objetivos da escola e de sua importância como instituição voltada para a iniciação artística de crianças de 5 a 12 anos, o que envolve suas famílias na relação com o espaço cultural.

Relendo o seminário de 1982, pude perceber que naquela época educação artística e iniciação artística eram expressões indiferenciadas para mim, questão que implica não só o que é iniciação para os alunos mas também a diferença entre arte-educador e artista-professor. O primeiro é um professor de artes raramente atuando como artista. O segundo é alguém que faz arte e também é professor. Comprovar currículo artístico e pedagógico é uma exigência para contratação na EMIA.

A Lei de Diretrizes e Bases em vigor — LDB 9394/96, reconhece Arte como disciplina escolar obrigatória no currículo. Depois de tantas lutas para que se efetivasse essa conquista espero que este trabalho possa contribuir para que o ensino de Arte na escola regular possa ocorrer de forma crítica, significativa e fundamentada, respeitando o múltiplo das produções, o indeterminado, e que a avaliação possa ser processual e qualitativa.

Que a Arte tornada área de conhecimento não seja imobilizada em colunas de planejamento, que simbolizam fragmentação, linearidade e racionalidade, com avaliações quantitativas que não respeitem a subjetividade implícita no trabalho artístico.

Passamos por muitas mudanças e precisamos sempre estar atentos com relação a identidade da escola, que ela seja discutida até para que possamos dar sentido à sua estrutura como se configura hoje.

Temos mantido nossa originalidade, o princípio de liberdade dos professores, a singularidade de nosso trabalho ao desenvolvê-lo com a intenção educacional de uma iniciação artística, mesmo sendo uma escola pública.

Trabalhos acadêmicos registram a importância da EMIA. Em sua tese de doutorado – *Tuneu, Tarsila e outros mestres... uma história de iniciação*, defendida junto ao Instituto de Psicologia da Universidade de São Paulo, em 1995, a Profa. Dra. Ana Angélica Medeiros Albano conta sua experiência como diretora da EMIA, rea-

CAPÍTULO 4 – DISCUSSÃO   135

firmando a importância de um espaço vivo de criação. Refere como
a expressão *iniciação artística* a levou a indagações quanto à relação mestre-discípulo num processo de iniciação. Relata ainda o fato
de ter participado da criação de escola semelhante em Santo André.
Thaïs Borges em sua dissertação de mestrado – *Rondó, uma
forma de educação instrumental: a iniciação ao instrumento
musical*, apresentada em 1993 ao Instituto de Artes da UNESP, relata sua experiência *D. Duarte foi pra guerra* como exemplo de
trabalho pedagógico de iniciação ao instrumento realizado com alunos da EMIA. A Profª Dra. Sonia Albano de Lima, em seu livro *Escola Municipal de Música – 30 anos de ensino profissionalizante* (1999),
baseado em sua tese de doutorado no Programa de Comunicação e
Semiótica da Pontifícia Universidade Católica de São Paulo, mencio-
na a criação da EMIA e o trabalho que desenvolve, tomando como
referência o trabalho com crianças na Escola Municipal de Música.
Para falar do trabalho desta escola de iniciação, gostaria de dar
voz aos alunos que participaram do Projeto Axioma 7, a seus pais, e
trazer o depoimento de ex-alunos como a professora Tatiana De
Laquila e Fernanda de Oliveira Abu-Izze, minha filha.

A voz dos pais

Estes depoimentos foram anotados durante a reunião de pais no
dia 9 de outubro de 1999, avisados de que se estava documentando o
trabalho das crianças para minha pesquisa de mestrado. Com sua
concordância e autorização, manifestaram estar satisfeitos e valori-
zados em participar.

"O Gusto faz fono e acha que o teatro ajuda a treinar a voz. No
final do ano passado quase saiu. Este ano virou outro, está
super animado com os passeios. Muitas coisas que lê nas revistas,
na TV diz já ter visto na EMIA. Está indeciso com a escolha da

oficina no ano que vem, a irmã gosta da oficina de música mas parece que a preferência dele é teatro. Sempre diz que quer ser narrador de jogo de futebol e que o trabalho de teatro pode ajudar. Está sempre comentando, também, 'como a EMIA está me ajudando na outra escola'. Vai ser o narrador da peça da outra escola e está muito contente porque aparece mais."

Rina (mãe)

"Esta escola é uma escola que forma mesmo a criança. É uma escola diferente, pois resgata alguns valores, músicas diferentes, a apreciação. O Guilherme faz muitas coisas e não quer largar nada. Está um pouco cansado mas vem para cá sempre de bom humor."

Madá (mãe)

"A Cristiane está há três anos com você, não é, Márcia? Aqui é como um pedaço da casa dela, um dia antes já está com tudo preparado, lição feita, para vir aqui de manhã. Faz instrumento e está muito disciplinada.

Como é bonito a gente também acaba aprendendo. Hoje se corre muito, tudo informatizado e a arte eu aprendo observando aqui. A exposição do Monet, ela foi e gostou tanto, explicou tudo, que até os avós foram depois, pela fala dela, por vocês."

Dulce (mãe)

"O Loan aqui complementa o que ele não tem na escola regular, que é pública. Eu não poderia oferecer um curso particular como este para ele. Faz diferença a criança daqui com outra que só faz a escola regular – os comportamentos... Percepção, criatividade, conhecimento de quem vive aqui. Meus filhos gostam muito do quarteto".

Maria de Fátima (mãe)

CAPÍTULO 4 – DISCUSSÃO 137

"O Ariel fala que quer ser ator. Na minha casa é uma bagunça, tem cortina pendurada com pregador de roupas e ele quer fazer apresentações. Ele é doente por isso, por teatro. Vamos muito ao SESI e ele fala 'um dia você vai me ver aqui'. Assistiu a Renata Sorrah oito vezes na peça 'Clarão nas estrelas'. Não esquece, vem em todas as apresentações daqui da escola aos sábados. Pega livros na biblioteca da outra escola e lê para mim, senta na máquina e escreve textos... Quando vamos à FIESP pega os programas, na Sala Castro Alves... Faz crítica aos atores no teatro, na TV. Para pegar ingresso chegamos às 13 horas no SESI."

Emília (mãe)

"O Carlos estuda em escola do estado. Adora aqui, fala muito daqui na outra escola. Diz que se fosse para escolher queria escolher a EMIA para estudar. Em casa fala demais. Gosta desse negócio de ser humorista e a gente tem que participar. Reclama porque o pai trabalha muito e não participa muito das coisas. Aqui ele entrou na linha, no início não brincava, dizia não gostar, não querer brincar, antes não queria coisas de criança, nem o parquinho. Ele mudou muito."

Valdina (Mãe)

"Uma coisa que o Felipe tem é a importância que atribui a esta escola, o mesmo compromisso que tem com o Arqui (Colégio Arquidiocesano). Quer estar cedo, isto é um ponto muito importante para ele. Ele é ansioso, verdadeira criança paulista, estressada com horário. Deixa tudo pronto, roupa para vir para cá. Ele tem um senso crítico ... com algumas coisas é rígido. Ele é independente e gosta muito de vir aqui. As crianças gostam muito do quarteto. Vai ser narrador da peça da outra escola."

Mariam (mãe)

"A Patrícia valoriza muito esta escola. Ela faz também percepção e piano com a Zilda. Fora daqui faz uma arte marcial."

Cristine (mãe)

"A Elleni gosta muito de vir aqui. Eu trago e o avô vem buscar. Então, não conversamos muito sobre o que ela faz. Eu (pai) tocava violino, piano, e piston numa banda. Antes de estudar qualquer instrumento, no meu tempo, tinha que fazer seis meses de teoria, aqui não as crianças vão pegando o instrumento, vão tocando ..."

Jair (pai)

"O Lucas gosta muito daqui. Agora está querendo estudar cavaquinho."

Onadir (mãe)

"A Denise demorou para falar, tinha dificuldades de coordenação. Pus no balé não deu certo. Aqui faz flauta transversal com o Marcelo. Vem com vontade nesta escola, não quer faltar, sempre conta o que aconteceu. Em casa fica desenhando, pega planta no jornal, recorta e refaz, vai mudando. Tira elevador, transforma em casa térrea."

Elis (mãe)

A voz das crianças

Depoimento escrito das crianças contando: "Como é a EMIA para mim." Este material foi coletado em 4 de novembro de 1999.

"A EMIA é uma escola diferente, porque aprendemos coisas super legais de formas super legais. Sem contar os professores

Capítulo 4 – DISCUSSÃO

que são ótimos, excelentes. Tenho vários amigos. Tem parque (é um parque, entendeu?), a escola está dentro do parque. Temos a opção de escolher instrumento.

Gostaria de vir aqui umas três vezes por semana e não só uma."

Felipe S. (11 anos)

"A EMIA é uma escola muito legal, os professores legais, a EMIA para mim significa a melhor escola."

José Carlos (11 anos)

"A EMIA é como ter uma escola de música e etc.

A EMIA é legal nós fazemos: artes, músicas, danças e teatros. Lá eu me sinto como se estivesse em casa. Eu queria que tivesse duas dela (duas EMIAS). Então, se você quer fazer algum instrumento, faça aqui."

Jaque (10 anos)

"Para mim é um lugar bem divertido! Ao mesmo tempo que se aprende, se diverte à beça.

A EMIA é um lugar muito importante para mim, eu aprendo muitas coisas como pintar, colorir, dançar, tocar instrumentos musicais. Toda quinta-feira eu aprendo uma coisa nova."

Brena (11 anos)

"A EMIA
Deixe-me pensar
É muito legal, mas
Muito chata de manhã.
A aula de artes é a minha preferida.
Isso é o começo!

Engraçada e perigosa.
Pequena e engraçada.
É melhor estudar ao ar livre.
Os professores
São legais
Eu faço um instrumento
Fizemos músicas, teatros e movimento.
E esse poema.

Luís Guilherme (10 anos)

"Para mim a EMIA é uma segunda escola. É um parque grande, com três casas e são muito grandes. Os professores são super legais e eu faço muitos amigos nela. Às vezes penso que tenho mais amigos aqui que na minha escola normal. Eu faço artes, música, teatro e dança. A minha professora de artes é a Márcia Andrade, a de teatro é a Flávia, a de música é a Márcia Lagua e a de dança é a Tatiana."

Nátali (11 anos)

"A EMIA é uma escola que você aprende a soltar algum talento e para você seguir um caminho que quer ser.

Ela é um parque com muitas coisas. Parquinho, matos, árvores e flores.

Eu gosto muito da EMIA, em vez de algumas crianças ficarem fazendo travessuras nas ruas deviam vir fazer arte na EMIA."

Isadora (9 anos)

"Para mim a EMIA é um lugar onde eu consegui tudo o que eu queria. Tocar piano, eu completo amanhã dois anos e meio. Aprendi a fazer teatro, música, dança e artes plásticas. Fiz também uma oficina de dança.

CAPÍTULO 4 – DISCUSSÃO

Estou muito contente com isso, quero me formar em piano aqui e entrar na bateria.

E por isso agradeço às professoras Flávia, Tatiana, Márcia L., Márcia A., Márcia M. e Cristina Rogatko (Crisho) por terem me ensinado, tudo o que eu sonhava em aprender. Muito obrigado."

Rosana (10 anos)

"Para mim a EMIA é uma escola que pode ser até particular.

A escola é tão boa que podia ser até dezoito anos.

Na EMIA eu faço piano e flauta de instrumento na segunda-feira. E na quinta feira eu faço quarteto, mas no ano que vem eu vou fazer oficina de artes plásticas.

Só tenho mais dois anos de EMIA e terei que tentar fazer o teste na Escola Municipal (de Música).

A EMIA é tão boa que tem aula de artes, música, teatro, dança, piano, violão, violoncelo, flauta doce, flauta transversal, violino.

As professoras da escola são legais.

A escola também tem passeio, nesse ano tivemos dois passeios.

A escola é tão legal que não quero sair."

Cristina (11 anos)

"Ela é uma escola que nos faz desenvolver a nossa imaginação.

Todos aqui aprendem a tocar algum instrumento. Eles fazem tudo com carinho.

Aqui usamos muito a criatividade. Aprendemos coisas sobre pintores antigos, e músicas antigas.

Na hora do recreio brincamos muito. Em algumas aulas vamos brincar no parque. É muito gostoso ao ar livre.

Eu adoro a EMIA!"

Elleni (10 anos)

"A EMIA para mim é uma escola que tem várias coisas.

Gosto de tudo aqui, gosto das minhas professoras, são muito legais.

Faço até exercício, desenhos, várias coisas.

Alguns instrumentos não cabem na sala. Eu queria que a sala fosse maior.

A minha professora de piano é muito legal dá várias músicas.

Essa é a história."

Loan (10 anos)

"Muito legal. Eu estudo plástica, se você quiser fazer a professora é muito legal. Às vezes eu brinco, faço palhaçada na hora do lanche."

Roger (10 anos)

"A EMIA é uma escola super interessante. Ela nos ajuda a ter mais cultura. Ela nos dá uma cultura.

A EMIA é como uma escola normal, mas com outro objetivo, de nos ensinar a ter mais coordenação, mais alegria, mais paz.

A EMIA também nos ajuda a um dia ser um artista como: pianista, teatrista e outros.

A EMIA é uma escola dedicada a nos ensinar a ter responsabilidade."

Luca (10 anos)

"A EMIA é uma escola de arte para crianças, para descobrir a vocação de cada um de nós. Toda quinta-feira eu venho para fazer aulas com as professoras legais do quarteto.

As aulas delas são interessantes. Na música descobrimos cantores famosos que viveram no passado. Na dança

CAPÍTULO 4 – DISCUSSÃO   143

descobrimos nossos movimentos, no teatro aprendemos a apresentar em público. Nas artes descobrimos pintores e quadros importantes."

Filipe (11 anos)

"Escola – Legal – Interessante – Professores legais – Música – Teatro – Dança – Lazer – Gostosa a paisagem – Parquinho – Árvores – Amigos – Aula – Instrumentos- Frutos – Natural."

Mario (11 anos)

"Ela tem bons professores, temos boas aulas, temos bons amigos, etc.

Nela temos aula de artes plásticas, música, movimentos, teatro e aprendemos a tocar o instrumento que desejarmos (queremos).

Ela fica num lugar lindo. Cheia de plantas.

Ela tem banheiro masculino e feminino. Várias salas todas com piano, sala de instrumentos, sala dos professores, diretoria, etc.

Os instrumentos que eles ensinam são: saxofone, flauta doce, flauta transversal, pífaro, piano, teclado, violino, violão, violoncelo, etc.

Por isso a EMIA é uma escola MARAVILHOSA!"

Dina (11 anos)

"Para mim a EMIA é uma escola especial onde se aprende coisas que a escola normal não ensina, como teatro que pode parecer inútil. Se usar o teatro adequadamente você pode se tornar grandes estrelas e ser famoso. E o que pode parecer chato para muitos pode dar muito dinheiro e fama. A arte traz criatividade, inteligência e coordenação motora. A música traz afinação da voz, memória, etc. E finalmente o movimento traz também criatividade, mobilidade, etc.

Enfim essa escola, a EMIA, é uma escola que pode trazer muitas felicidades no nosso futuro emprego."

Gusto (10 anos)

"A EMIA é um espaço de cultura, várias artes são feitas como o teatro, a música, a dança e artes plásticas, além de vários corais (infantil, infanto-juvenil e adolescente).

As pessoas podem conhecer várias artes, quando a pessoa entra na escola sai de lá um artista para esse mundo velho com pouca cultura. Com esta escola sabemos o que é a vida e a cultura, várias coisas importantes para o mundo. Sempre tem várias apresentações maravilhosas, criativas, além de ser em um parque muito bom, calmo. É isso que nos precisamos para viver."

Ariel (11 anos)

A voz dos ex-alunos

Estes depoimentos foram colhidos por Cecília Lucia Tuccori e por mim, como parte do material documental da escola na pesquisa para o livro dos 20 ANOS da EMIA. Senti, então, o quanto seriam preciosos para a presente pesquisa.

"Fui uma das primeiras alunas da EMIA (1981) e me considero privilegiada por ter tido acesso a uma escola tão diferente e estimulante num período tão importante da minha vida. Além da iniciação musical, as outras atividades realizadas na escola influenciaram de maneira considerável na escolha e desenvolvimento de minha profissão.

Hoje, como fonoaudióloga clínica, trabalho com distúrbios de leitura e escrita, desenvolvimento e estimulação de linguagem, processamento auditivo, voz dentre outros distúrbios de comunicação. Em terapias fonoaudiológicas, além dos conhecimentos

CAPÍTULO 4 – DISCUSSÃO   145

acadêmicos e técnicos, uma boa dose de criatividade e improviso são necessárias. Na medida do possível, tento associar a música e atividades artísticas aos atendimentos terapêuticos. Grande parte desse trabalho tem referência ao começo de tudo, ou seja, à EMIA. ... amassar argila, primeiras notinhas no teclado, pintar janelas, flauta-doce, roupas de jornal, coral... são lembranças preciosas de minha infância. A EMIA é um lugar que trabalha as artes e a música de maneira leve e divertida, ou seja, brincando. Sem dúvida é um lugar que teve uma influência importante em meu desenvolvimento pessoal e no direcionamento de minha formação profissional."

Adelaine Marroni Phee (2000)
Fonoaudióloga clínica pela Escola Paulista de Medicina
Aperfeiçoamento em Audiologia pela University of
Pittsburgh – USA
Especializanda em Voz. Bacharelanda em Música/Piano – Unesp

"Tive o privilégio de ser uma aluna fundadora da EMIA, pois é, participei do início de tudo.

Os anos em que "estudei" lá foram fundamentais e inesquecíveis para minha formação. Tive professores que marcam minha vida até hoje: o Paulo Cesar, a Kyoko e a Iara Jamra.

Sempre fui fã da Iara. Pude participar também de alguns de seus projetos com crianças carentes, fora da escola.

Hoje em dia sou dentista e, paralelamente ao meu trabalho clínico, desenvolvo um projeto de prevenção em saúde bucal para crianças de 2 a 9 anos em escolas públicas e particulares.

É um trabalho que mistura teatro, música e vários adereços que confeccionei para ensinar as crianças.

Estou sempre de volta ao parque da Conceição casa 3, na escolinha, para assistir as apresentações de minha mãe – Márcia Lagua.

Dá para matar um pouquinho a saudades."

Fernanda de Oliveira Abu-Izze (2000)

"EMIA, minha escola principal – assim eu a chamava. Desde muito pequeno eu a freqüentava pois meu irmão Enio já estudava lá. Cresci com a EMIA fazendo parte da minha vida: com aulas, apresentações e, principalmente, a convivência prazerosa com os professores e colegas. Devo à EMIA o desenvolvimento musical, percepção, criatividade, observação, sensibilidade à arte e à vida. O que mais me entristece é saber que a EMIA, com seu alto nível artístico, não é valorizada como merece."

Hugo Iha Oyakawa

"É preciso estudar na EMIA para saber a influência que ela exerce sobre alguém. Ela nos dá um novo panorama do mundo, uma visão sensível das coisas, em qualquer momento da vida. Aplicamos tudo que aprendemos mesmo não estando no meio da Arte.

Quando concluí o curso na EMIA já estava decidido que queria seguir uma carreira artística em qualquer área, pois tinha vivenciado todas. Optei pela música, pois na Escola Municipal de Música foi onde encontrei um ensino de qualidade que poderia dar continuidade ao que aprendi na EMIA.

Atualmente ingressei na Universidade Estadual de São Paulo – Unesp, no curso de Bacharelado em Música e Habilitação em Instrumento Antigo. Sinto-me chamado a dar continuidade pois a EMIA impregnou o espírito artístico em mim."

Leonardo De Láquila (2000)

"Fiquei imensamente surpresa e feliz quando recebi o convite das professoras Cecília e Márcia para escrever este depoimento. Principalmente porque a EMIA foi para mim o marco inicial da minha vida como pianista.

Sabendo do meu interesse pela música, minha mãe me inscreveu na escola em 1982 quando tinha então 6 anos. Como toda criança, via o trabalho realizado como uma brincadeira. Aquelas aulas de artes, teatro, coral, musicalização, piano, eram para mim um grande divertimento. Para os professores, uma forma de colocar em prática minha imaginação e criatividade, além de adquirir conhecimento da técnica necessária ao artista. A integração com outras crianças, fazia com que tivesse atenção para tudo e todos, assim podendo compreender e aceitar pontos de vista diferentes dos meus. Ainda posso somar a tudo isso, o fato da escola estar situada num parque tão grande para mim na época e tão cheio de fantasia!

Juntamente com a professora de piano Ilza Antunes, pude iniciar um trabalho sério de extrema dedicação. Fazíamos todos os anos pequenos recitais na escola, o que me deu experiência com o público. Sem contar as apresentações no MASP e os concursos de piano que me incentivaram intensamente. Lembro-me da oportunidade que tivemos de tocar a *Sinfonia dos Brinquedos* de Leopold Mozart com a Orquestra de Cordas Jovens Musicistas e de minha alegria quando toquei com esta mesma orquestra um concertino de Haydn para piano.

Hoje, graduada em música pelo Instituto de Artes da UNESP com especialização na Bélgica, posso dizer que sem a EMIA não teria me envolvido tanto com a arte e feito dela minha profissão."

Liliane Barsravi Kans (2000)

"A Emia não influenciou a minha vida, ela simplesmente a definiu. Mas vamos começar do começo, ou o que pelo menos hoje eu defino como a minha estréia. Embora estivesse na Emia já a 4 anos.

Minha estréia foi tarde, com 10 anos, Romeu e Julieta no Coro-teatro. Bem e eu fazia parte do coral e tomei um susto quando fui selecionado para fazer o papel do Romeu, até aquele momento eu nunca tinha feito teatro, e estava na frente de veteranos com 12 e 13 anos de idade e uns 4 de Teatro. Hoje entendo que a escolha foi mais pelo tamanho do meu cabelo do que pelo tamanho do talento. Eu era tímido, tinha a língua presa e sou um pouco disléxico, o que dificultava decorar o texto, e com essa combinação, logo a primeira Julieta se foi. Ela não ia ser louca de se arriscar. Uma pena, porque era a menina mais bonita da Emia.

Isso poderia desestimular um artista, mas foi o contrário que aconteceu. Quando fui expulso da Emia (coloco assim porque eu estava com 17 anos de idade e o permitido era ficar até os 15 como ex-aluno,) tinha feito 12 peças de teatro e inúmeras apresentações de violão e conjunto. E não tinha mais jeito, tinha que prestar artes cênicas. Os meus amigos e parentes já estavam adaptados ao Nei ator, não mais para chegar como engenheiro e também ficava difícil começar uma outra profissão, afinal já estava com 17 anos.

Quando entrei na Unicamp para fazer medicina, ops, artes cênicas percebi logo a diferença entre fazer Emia e fazer teatro em colégio. A diferença é a multidisciplinaridade. Desde criança eu estava acostumado a trabalhar com várias linguagens, como música e artes plásticas, o que possibilitou abrir meu horizonte para o teatro e arte de uma forma menos acadêmica. Resultando em uma iniciação científica entitulada "A música como instrumentalização do ator". Possível somente pela minha formação na EMIA, que já tinha desmistificado a junção entre a Música e o Teatro, tão distantes no mundo acadêmico.

Mais do que o primeiro lugar onde estive em contato com o teatro, a Emia formou o pensamento de arte que eu tenho hoje. Não consigo pensar teatro desvinculado de música, escultura, cinema...o que faz muito diferença, porque a Emia fez eu me sentir um pouco escultor, um pouco músico... e isso tem me formado um ser por essência, multidisciplinar."

Nei Viegas Pelizzon (2006)

"A EMIA para mim é meu referencial de vida e de trabalho. Todos esses anos que a freqüentei contribuíram para minha formação artística e para o meu processo de individuação, pois ingressei

Capítulo 4 – DISCUSSÃO

aos 9 anos (1981) e deixei de freqüentá-la, já como ex-aluna, aos 19 anos quando cursava o 2º ano da Faculdade de Belas Artes de São Paulo.

Passei a maior parte da minha vida na EMIA, minha mãe nos inscrevia em todas as oficinas, íamos todos os dias à "escolinha", como a chamávamos carinhosamente.

Hoje avalio as contribuições destes anos e reflito sobre meu trabalho, sua diversidade de expressões, fruto desta formação.

Sou Arte-educadora há 9 anos e há 2 anos estou na EMIA como professora. Iniciei na área de Artes Plásticas e atualmente participo da área de Dança. Desenvolvo, nesta área, uma pesquisa onde investigo com meus alunos a dança como linguagem, a descoberta da poesia no movimento e sua interação com as Artes Plásticas, o Teatro e a Música.

Acredito que cada indivíduo concebe sua Arte à maneira que ele percebe e idealiza o Mundo. Foi dentro deste, chamado EMIA, que aprendi a investigar , a ver e a ouvir, a valorizar a Arte e a integrá-la à minha vida. Descobri que um caminho tem várias saídas através das improvisações, das variações sobre o mesmo tema. Tornei-me mais sensível para ver o outro e percebê-lo como ser integral. Posso hoje constatar que a proposta pedagógica da EMIA foi pioneira na integração das linguagens artísticas.

Através do trabalho que venho desenvolvendo como artista e como educadora, quero oferecer às crianças e aos adolescentes o melhor desta minha vivência."

Tatiana De Láquila (2000)

5
CONSIDERAÇÕES FINAIS

Tenho na memória algo que li sobre Einstein, ele dizia que uma das coisas mais belas que o homem pode experimentar é o misterioso e que esta é a emoção fundamental para a arte e para a ciência. Misterioso é o caminho da criação, o caminho da iniciação, pelo qual somos levados a experimentar, a perceber o caráter escondido, não comunicado da realidade ou de uma intenção. Nós nos preparamos para algo que desconhecemos e que representa uma mudança, algo que nos marca.

"O mistério não constitui uma realidade que se opõe ao conhecimento. Pertence ao mistério ser conhecido. Mas pertence também ao mistério continuar mistério no conhecimento" (Boff, 1996: 14).

Por mais que tentemos aprender ou apreender a realidade pelo conhecimento sempre haverá algo que nos escapa, que podemos conhecer mais e melhor. A sensibilidade da busca nos dá a humildade de poder aprender.

Tentando revelar e desvelar uma escola de iniciação artística me aventurei na mística de muitas histórias das quais nunca darei conta em sua totalidade. Mas os aspectos percebidos e comunicados serviram para deter alguns significados que ajudam a entender a força da iluminação. A força presente na aventura de criar, na atitude de respeito diante do outro, do conhecimento, da arte e da vida.

As histórias são conservadas, reformuladas ou transformadas desde que haja protagonistas dispostos a mantê-las por sua participação como seres humanos construtores de seu destino pessoal e coletivo, revelando por sua natureza humana a essência da liberdade e da criatividade.

A criação desta obra exigiu enfrentar muitos desafios mas a cada passo contei com a presença de muitos caminhantes que me fizeram transformar a suspeita de um abismo em sonho realizável, em sentido de trabalhar, em mistério amoroso a compartilhar.

O mestrado, em 2001, levou a questionamentos e fui convidada por Thaia Perez, diretora, e Ana Cristina Rossetto, assitente artístico, para trabalharmos juntas num espaço de assessoria de enfoque psicopedagógico em encontros semanais de duas horas. Teoria e prática nortearam nossas discussões e reflexões. Internamente, a partir de fatos do próprio cotidiano como a orientação para encaminhamento de alunos e suas famílias quando necessário. Externamente, pensando a importância da escola como produtora de cultura, como promotora de uma experiência estética junto a comunidade e junto a profissionais da educação contribuindo para a formação dos mesmos através de cursos e oficinas. Na busca de um maior equilíbrio no oferecimento das diferentes linguagens nas faixas etárias de 5/6anos, 7/8 anos; na discussão do curso oferecido aos alunos de 11/12 anos; no trabalho com professores para que pudessem experimentar outros recursos expressivos que não só a linguagem que dominam especificamente; no cuidar do ingresso de professores novos para que pudessem melhor compreender a escola e o trabalho por ela oferecido; na dinâmica de integração entre as áreas nas reuniões e nas discussões de assuntos gerais; na mobilização de recursos para que se tivesse a possibilidade de chamar profissionais que pudessem nos auxiliar nesta tarefa. E que levasse a abrir espaço para os pais em algumas oficinas, no sentido de

Capítulo 5 – CONSIDERAÇÕES FINAIS

poderem compartilhar e melhor entender o trabalho da escola. Aos poucos, estes temas vêm sendo trabalhados e alguns já se tornaram conquistas, como as oficinas para os pais.

Espero que possamos refletir sobre nossa prática garantindo o compromisso e o vínculo com o trabalho como reguladores de nossas ações. E que possamos assim definir nosso lugar dentro da estrutura do Departamento de Teatros, a partir de onde novas EMIAs possam surgir.

A multiplicação deste trabalho em outros espaços requer um projeto implantado passo a passo, que contemple não só a formação artístico-pedagógica dos professores, mas que, levando em conta nossos 25 anos de experiência, considere para as novas unidades a identidade própria a ser constituída e um conhecimento de si a ser construído. Nesse processo o que é essencial? Os dois eixos principais deste trabalho:

– a iniciação artística continuada das crianças dos 5 aos 12 anos;

– e, a integração das linguagens artísticas – música, teatro, artes plásticas e dança em projetos expressivos.

A partir de 1993, embora minha participação ativa na escola continue, tenho percorrido outros caminhos de formação e atuação profissional. Fui coordenadora em escolas particulares, dei assessoria e supervisão para professores e coordenadores, coordenei oficinas de arte em diferentes espaços institucionais, tenho atuado em consultório particular a partir de oficinas de cunho psicopedagógico, fiz minha formação em psicanálise e ingressei na pós-graduação estando atualmente no doutorado. Porém, é a experiência vivida na EMIA, ao longo destes anos, que tem fomentado minhas indagações e minhas buscas, permitindo percorrer novos caminhos, ampliando meus horizontes profissionais tanto educacionais como artísticos onde tenho atuado como cantora e atriz. E é esta experiência aqui compartilhada que espero, possa ser ressignificada, multiplicada, transformada como a própria vida.

Quando parti para a Ítaca mitológica, misteriosa, sabia que
seria longo o caminho,
rico de peripécias e rico de experiências.

E que Ítaca me daria
a mais bela viagem.
Sem ela eu não me teria posto a caminho.
Mais que isto, ela não pode me dar.

Kavafis vem com sua poesia em meu auxílio,

Se a achares pobre, Ítaca não te iludiu.
Assim sábio como te tornaste, depois de tantas experiências,
enfim, compreenderás o que significam as Ítacas.

REFERÊNCIAS BIBLIOGRÁFICAS

ALBANO, A.A. *Tuneu, Tarsila e outros mestres... Uma história de iniciação.* São Paulo: IPUSP, 1995. (Tese de Doutorado).

ALBANO MOREIRA, A.A. *O espaço do desenho: A educação do educador.* São Paulo: Loyola, 1984. (Coleção Espaço).

ANDRÉ, M.E.D.A.de. *Etnografia da prática escolar.* 3ª. ed. São Paulo: Papirus, 1995.

APRENDENDO música da maneira certa. **O Estado de S. Paulo**, Jornal da Tarde, São Paulo, 2 mar. 1993. Caderno de Programas e Leituras, p. 7.

ARNHEIM, R. *Arte e Percepção visual: uma psicologia da visão criadora.* Trad. Ivone Terezinha de Faria. São Paulo: Pioneira: Editora da Universidade de São Paulo, 1980.

BACH, A. M. *Memórias íntimas de Ana Madalena Bach: vida de Bach.* Trad. Augusto de Souza. São Paulo: Atena, s.d. (Coleção Cultura Musical).

BENJAMIN, W. *Magia e técnica, arte e política: ensaios sobre literatura e história da cultura.* 7° ed. São Paulo: Brasiliense, 1994. (Obras escolhidas; V 1).

BOFF, L. *Mística e espiritualidade.* Rio de Janeiro: Rocco, 1994.

BOLETIM INFORMATIVO DA ESCOLA NOVA LOURENÇO CASTANHO. *Uma dentista meio... maluquinha.* São Paulo, n. 14, out./ nov., 2000.

BORGES, T.V. *Rondó uma forma de educação instrumental: a iniciação ao instrumento musical*. Dissertação (Mestrado) Instituto de Artes, UNESP, 1993.

BRASIL. Ministério da Educação e do Desporto. Secretaria de Educação Fundamental. *Parâmetros Curriculares Nacionais para o Ensino Fundamental*. Brasília: Ministério da Educação e do Desporto – Secretaria de Educação Fundamental. Brasília, 1997 a.

CAMARGO, I. Gaveta dos guardados. *Folha de São Paulo*, São Paulo, 9/5/1998, Jornal de Resenhas, Caderno Especial, p. Especial-1.

CHARLOT, B. *Da relação com o saber: elementos para uma teoria*. Trad. Bruno Magne. Porto Alegre: Artmed, 2000.

CHEKHOV, M. *Para o ator*. Trad. Álvaro Cabral. São Paulo: Martins Fontes, 1986. (Coleção Opus 86).

COPLAND, A. *Como ouvir e entender música*. Trad. Luiz Paulo Horta. Rio de Janeiro: Artenova, 1974.

DEWEY, J. *A arte como experiência*. São Paulo: Abril Cultural, 1974. (Coleção Os Pensadores).

DIAS, M.C.M Metáfora e pensamento: considerações sobre a importância do jogo na aquisição do conhecimento e implicações para a educação pré-escolar. In: KISHIMOTO, T.M. (Org). *Jogo, brinquedo, brincadeira e a educação*. São Paulo: Cortez, 1996.

ESCOLA Municipal de Iniciação Artística vai acabar com as filas para inscrição, **Jornal São Paulo - Zona Sul**, São Paulo, 6 a 12 de nov. 1992. p. 4.

ESCOLA Municipal de Iniciação Artística: mudanças desagradam comunidade, **Jornal São Paulo - Zona Sul**, São Paulo, 6 a 11 mar. 1993. p. 3.

EZPELETA, J.; ROCKWELL, E. *Pesquisa participante*. São Paulo: Cortez, 1986.

FAVARETTO, C.F. Arte Contemporânea: Obra, gesto e acontecimento. In: FAVARETTO, C.; MORENO, A. (Orgs). *Filosofia, linguagem e arte*. São Paulo: EDUC, 1995.

FERRAZ, C.R., Uma escola que é um luxo. *Revista Nova Escola*, Ano III, p. 56-7, maio, 1988.

FERRAZ, M.H.C.T.; FUSARI, M.F.R.e. *Metodologia do ensino de arte*. São Paulo: Cortez, 1993. (Coleção Magistério 2º grau. Série formação do professor).

REFERÊNCIAS BIBLIOGRÁFICAS

FRANCASTEL, P. *A realidade figurativa*. Trad. Mary Amazonas Leite de Barros. São Paulo: Perspectiva, Edusp, 1973. (Coleção Estudos, 21).

FURTH, H.G. *Conhecimento como desejo: um ensaio sobre Freud e Piaget*. Trad. Dante Coutinho. Porto Alegre: Artes Médicas, 1995.

GÊNIOS DA PINTURA. Picasso. São Paulo: Abril Cultural, n.13, 1967.

GOMBRICH, E.H. *A História da Arte*. Trad. Álvaro Cabral. 15ªed. Rio de Janeiro: Guanabara Koogan, 1993.

HERNÁNDEZ, F.; VENTURA M. *Organização do currículo por projetos de trabalho: o conhecimento é um caleidoscópio*. Trad. Jussara Haubert Rodrigues. 5ª ed., Porto Alegre: Artmed, 1998.

INFORMANDO SENAI- SP. *Iniciação musical: um meio de educar, divertir e integrar a criança*. São Paulo, n. 23, abr/mai, 1985.

LIMA, S.A. *Escola Municipal de Música: 30 anos de ensino profissionalizante*. São Paulo: editor-autor, 1999.

LÜDKE, M.; ANDRÉ, M.E.D.A. *Pesquisa em Educação: abordagens qualitativas*. São Paulo: EPU, 1986. (Temas básicos de educação e ensino).

MACEDO, L.de. *Ensaios construtivistas*. São Paulo: Casa do Psicólogo, 1994.

MACEDO, L.de et al. *Quatro cores, senha e dominó: oficinas de jogos em uma perspectiva construtivista e Psicopedagógica*. São Paulo: Casa do Psicólogo, 1997. (Coleção psicologia e educação).

MACHADO, A.M. *Era uma vez três ... (Volpi)*. 29ª ed., Rio de Janeiro: Berlendis & Vertecchia, 1995. (Arte para criança).

MARQUES, I.A. *Ensino de dança hoje*. São Paulo: Cortez, 1999.

OSTROWER, F. *Criatividade e processo de criação*. 14ª ed., Petrópolis: Vozes, 1987.

PAIS temem que a prefeitura acabe com a escola de artes. **Folha da Tarde**, São Paulo, 16 mar. 1993. Caderno Cidade, p. B-1.

PAIS e alunos protestam contra aulas paralisadas na zona sul. **Folha de São Paulo**, São Paulo, 17 mar. 1993. Caderno 3, p. 3.

PERRENOUD, Ph. *Ofício de aluno e sentido do trabalho escolar*. Trad. Júlia Ferreira. Porto: Porto Editora, 1995. (Coleção Ciências da Educação).

PERRENOUD, Ph. *Novas competências para ensinar*. Trad. Patrícia Chittoni Ramos. Porto Alegre: Artmed, 2000.

PIAGET, J. (1964) *A formação do símbolo na criança: imitação, jogo e sonho, imagem e representação*. 3ª ed. Trad. Álvaro Cabral e Cristiano Monteiro Oiticica. Rio de Janeiro: LTC Editora, 1990.

RACHLIN, A.; HELLARD, S. *Bach*. Trad. Helena G. Klimes. São Paulo: Callis, 1993. (Coleção Crianças Famosas).

SÃO PAULO/SEE/CENP. *Proposta curricular para o ensino de educação artística: 1º grau*. 2ª ed. Coordenadoria de Estudos e Normas Pedagógicas. São Paulo: SE/CENP, 1991.

SAFRA, G. *A face estética do self: teoria e clínica*. São Paulo: Unimarco, 1999.

VIANNA, K.; CARVALHO. M. A. *A dança*. 2ª ed. São Paulo: Siciliano, 1990.

WALTHER, I.F. *Picasso*. Alemanha: Benedikt Taschen, 1993.

WILLEMS, E. *As bases psicológicas da educação musical*. Bienne (Suíça): Pro-Música, s.d.

ZABALA, A. Os enfoques didáticos. In COLL, C.; MARTÍN, E.; MAURI, T.; ONRUBIA, J.; SOLÉ, I.; ZABALA, A. *O construtivismo na sala de aula*. 5ª ed. Trad. Cláudia Schilling. São Paulo: Ática, 1998. (Série Fundamentos, 132).

ENTREVISTAS

ALBANO, Ana Angélica. **Entrevista 2**, 27 de novembro de 1997, São Paulo.

BENEDITO, José Carlos. **Entrevista 9**, 28 de maio de 1998, São Paulo.

BOLOGNA, Maria Elisa Figueiredo. **Entrevista 1**, 20 de novembro de 1997, São Paulo.

CAZNÓK, Yara Borges. **Entrevista 5**, 16 de abril de 1998, São Paulo.

GALHANO, Cléa. **Entrevista 3**, 27 de dezembro de 1997, St. Paul – USA (via fax).

KALETRIANOS, Jean Pierre. **Entrevista 6**, 5 de maio de 1998, São Paulo.

PETERSEN, Ana Cristina A. **Entrevista 4**, 2 de abril de 1998, São Paulo.

SARACHO, Wanda A. **Entrevista 8**, 14 de maio de 1998, São Paulo.

REFERÊNCIAS BIBLIOGRÁFICAS

SIQUEIRA, Rui Fernando Gonçalves. **Entrevista 10**, 8 de abril de 1999, São Paulo.

DEPOIMENTOS ESCRITOS

MAZZEI, Miriam de Oliveira. **Depoimento 1**, 2000.

PEREZ, Thaia. **Depoimento 2.** 2001.

ANDRADE, Márcia Soares. **Depoimento 3,** 2006.

DOCUMENTOS ARTÍSTICO-PEDAGÓGICOS DA ESCOLA MUNICIPAL DE INICIAÇÃO ARTÍSTICA

Doc. 2 – (1981/1982) "Álbum de fotografias", organizado pela professora Iara Jamra.

Doc. 3 – (1984) "Escola Municipal de Iniciação Artística", organizado por Ana Angélica Albano.

Doc. 7 – (1989) "Livro Estrela" – Histórico, estrutura, funções e áreas da EMIA.

Doc. 9 – (1989/1991) "Curso de Formação de Professores", organizado por Rui Fernando Siqueira.

Doc. 10 – (1990) "10 anos da EMIA".

Doc. 16 – (1992) "Projeto pedagógico da área de musicalização", com coordenação professora Ana Cristina Rossetto Rocha.

Doc. 19 – (1989/1992) "Relatório de atividades da direção", pela diretora Cléa Galhano.

Doc. 20 – (19891990) "Política Cultural da SMC" , Marilena Chauí.

Doc. 22 – (1994) "Expressão Artística e Educação – Curso de formação de professores" organizado pela professora Márcia Lagua de Oliveira.

Doc. 24 – (1995) "Relatório sobre o 1º semestre de 1995", organizado por Jean Pierre Kaletrianos e Hélio B. da Silveira Filho.

Doc. 25 – (1985) "Projeto 5/6 anos".

Doc. 41 – Boletim Informativo – 2000.

– (2005) "Relatório geral e balanço do ano de 2004", organizado por Thaia Perez.